Ingo Vogel

So reden Sie sich an die Spitze

Ingo Vogel

So reden Sie sich an die Spitze

Sprache als Erfolgsinstrument

Econ

Der Econ Verlag ist ein Unternehmen
der Econ Ullstein List Verlag GmbH & Co. KG, München

ISBN 3-430-19381-8

5. Auflage 2001
© by Econ Ullstein List Verlag GmbH & Co. KG, München
Alle Rechte vorbehalten. Printed in Germany
Umschlaggestaltung: Roberto Meraner, Düsseldorf
Umschlagabbildung: Heike Ellwanger, Stuttgart
Gesetzt aus der Times bei Franzis print & media, München
Druck und Bindearbeiten: Clausen & Bosse, Leck

www.econ-verlag.de

Für alle, die mich zu diesem Buch inspiriert haben!

Und ganz besonders für Herrn Dr. Rolf Ruhleder.

»Sprich nur dann, wenn du etwas Wertvolleres
zu sagen hast als dein Schweigen.«
Dionysos

Inhalt

Vorwort

So reden Sie sich an die Spitze

Dieses Buch hat einen ganz besonderen Anlass: Die praktischen Erfahrungen mit den vielen Teilnehmern meiner Kommunikations- und Verkaufsseminare bzw. Coachings und die unzähligen Erfolgserlebnisse, die ich dabei persönlich erleben durfte, sollen endlich dem Leser zugänglich gemacht werden.

Es ist ein leicht verständlicher, praktischer Ratgeber, kein wissenschaftliches Lehrbuch. Daher verzichtet es bewusst auf Fachvokabular und setzt keine Grundkenntnisse voraus. Lediglich Ihre Eigenmotivation, Neugier und Lust, Neues zu entdecken und das Tor zu einer anderen Welt der Kommunikation zu öffnen, sind gefragt. Es wird Ihnen nutzen, sobald Sie das erste Kapitel lesen und nicht erst, wenn Sie das gesamte Buch gelesen haben. Wenn Sie dieses Buch lesen, werden Sie erkennen, was Erfolg in der Kommunikation ausmacht. Sie werden erfahren, warum Sie mit weniger Worten eine viel bessere Wirkung erzielen.

Ja, Sie werden sogar sehr schnell großen Spaß daran finden, es genießen, mit Ihrer Sprache zukünftig ganz bewusst und virtuos umzugehen. Sie werden besser auf Ihre Gesprächspartner eingehen können und Ihre alltägliche Kommunikation von überflüssigem, unnötigem und wirkungslosem Ballast befreien. Sie werden sehen, wie einfach es ist, mit Ihrer Sprache mehr zu erreichen. Wenn Sie erkannt haben, worum es geht und sich jeden Tag ein wenig Zeit zur Optimierung Ihrer rhetorischen Fähigkeiten nehmen, werden Sie scheinbar mühelos, von Gespräch zu Gespräch, zu neuen verbalen Höhenflügen ansetzen. Dann werden Sie ab sofort, in jeder Situation und immer häufiger Ihren ganz persönlichen Erfolg genießen können.

Ob im Beruf, in der Partnerschaft oder im Gespräch mit guten Freunden – Ihr Leben wird sich dadurch sehr positiv entwickeln.

Sie werden wieder mehr Zeit für das Wesentliche haben, Ihre Partnerschaft harmonischer gestalten, viele unnötige Konflikte vermeiden und auch Ihre gesetzten Ziele schneller erreichen. In »So reden Sie sich an die Spitze« geht es um sprachliche Mittel, Möglichkeiten und Feinheiten, die Sie sofort ausprobieren und in Ihr Leben integrieren können. Hier wird keine reine Kommunikationstheorie vorgestellt. Es ist ein Buch für die Praxis. Es wird Ihr Bewusstsein für die eigene Sprache schärfen, Sie zu einer neuen Einstellung und mehr Freude am Reden motivieren und Ihnen Möglichkeiten und Feinheiten aufzeigen, auf die es in der erfolgreichen zwischenmenschlichen Kommunikation ankommt. Dabei ist es egal, ob Sie Ihre sprachliche Wirkung im Beruf steigern wollen, um z. B. mit Kunden besser zurechtzukommen und so schnellere Verkaufserfolge zu erzielen, oder ob Sie dieses Buch mit dem besonderen Ziel lesen, Ihre Kommunikation in der Partnerschaft zu optimieren, um Ihren Partner zukünftig besser zu verstehen, unnötige Missverständnisse zu vermeiden und so einen höheren Grad an gemeinsamer Lebensfreude zu gewinnen. Wenn Sie erst einmal anfangen, sich mit Ihrer Sprache zu beschäftigen, sich Ihrer bisherigen Gewohnheiten bewusst zu werden und daraus neue sprachliche Strategien aufzubauen, werden Sie zwischen den beiden Bereichen nicht mehr unterscheiden. Sie werden erkennen, wie sehr eine bewusste, konkrete und wirkungsvolle Sprache automatisch Ihr gesamtes Leben bereichert und positiv beeinflusst.

> Ihre Sprache kann Ihr gesamtes Leben bereichern
> und positiv beeinflussen.
> Öffnen Sie das Tor zu einer neuen Welt.

Sie werden ein anderes Gefühl für Ihre Sprache entwickeln. Wenn Sie erst einmal gezielter kommunizieren, werden Sie Vieles entdecken, was Ihnen bisher verborgen blieb. Sei es Ihr eigenes Verhalten gegenüber Ihren Mitmenschen, die Reaktionen Ihrer Gesprächspartner oder auch typische Missverständnisse zwischen Freunden oder Ihnen nahe stehenden Menschen.

Sie entdecken an sich und anderen plötzlich sprachliche Strukturen, entlarven unnütze, hinderliche Gewohnheiten und erkennen manchmal schon im Voraus, welche Gesprächssituation sich gleich anbahnen wird. Denn der Dialog ist ein offener, dynamischer Prozess.

Aus diesem Bewusstsein, Ihrem gesteigerten Wahrnehmungsvermögen und Ihrem neuen kommunikativen Können heraus entwickeln Sie eine Souveränität, die Sie aus der breiten Masse heraushebt. Sie erzielen Erfolge, an die Sie bisher vielleicht nicht geglaubt haben. Sie gewinnen an Wirkung und an Lebensqualität. Weil Sie Ihre Mitmenschen plötzlich besser verstehen, sich selbst klarer ausdrücken und Missverständnissen bzw. Konfliktsituationen ganz anders begegnen können. Es wird Ihnen einfach sehr viel mehr Spaß machen, mit Ihren neuen sprachlichen Möglichkeiten zu wirken und zu arbeiten.

Ich wünsche Ihnen dabei von Herzen sehr viel Erfolg!

Stuttgart, im Juli 2000
Ingo Vogel

Darauf kommt es an

○ *Erfolg durch Sprache*
⇒ Sprachliche Souveränität erreichen

○ *Sprache sehr flexibel einsetzen*
⇒ typ-, situations- und zielgerechte Anwendung

○ *Redewirkung (Feedback) beobachten*
⇒ Sich ständig fragen: Wie reagiert mein Gegenüber?

○ *Sprache ganz bewusst und gezielt einsetzen*
⇒ präzise und wirkungsvoll kommunizieren

○ *Sprache und Verhalten des Gegenübers wahrnehmen*
⇒ Wortwahl, Verhalten, sprachliche Gewohnheiten registrieren und
einordnen

○ *Eigenes sprachliches Verhalten sehr bewusst wahrnehmen*
⇒ Fragen Sie sich: Wie bzw. was rede ich? Die eigene Wortwahl,
sein Verhalten und seine sprachlichen Gewohnheiten prüfen

○ *Stetig mehr Bewusstsein und Gefühl für die Bedeutung der
Sprache entwickeln*
⇒ Sprache als Erfolgsinstrument zwischenmenschlicher Beeinflus-
sung erkennen

Sieben Fragen entscheiden,
wie Sie dieses Buch am besten lesen!

Bitte beantworten Sie diese Fragen, *bevor* Sie mit dem Lesen beginnen! So erfahren Sie, *wie* Sie in die Lektüre dieses Buches einsteigen.

	ja	nein
Haben Sie schon Bücher zum Thema Kommunikation gelesen?	❑	❑

Lesen Sie dieses Buch nur zur Unterhaltung?   ❑   ❑
⇒ *Wenn ja, dann lesen Sie die Kapitel so, wie Sie mögen.*

Wollen Sie sich zuerst einen Überblick verschaffen?   ❑   ❑
⇒ *Wenn ja, lesen Sie bitte das Inhalts- bzw. Stichwortverzeichnis und die »56 Erfolgsimpulse für den Weg an die Spitze« am Schluss.*

Wollen Sie zunächst mehr über die Grundlagen und   ❑   ❑
Hintergründe erfolgreicher Kommunikation lernen?
⇒ *Wenn ja, lesen Sie gleich den ersten Abschnitt.*

Wollen Sie an Ihrer sprachlichen Wirkung arbeiten?   ❑   ❑
⇒ *Wenn ja, lesen Sie die Kapitel zu »Power-Sprache« und »Sprache präsentieren«.*

Wollen Sie Ihre Power-Sprache sofort trainieren?   ❑   ❑
⇒ *Wenn ja, starten Sie mit den Abschnitten »Power-Sprache«.*

Wollen Sie Ihre Verkaufsabschlüsse optimieren?   ❑   ❑
⇒ *Wenn ja, lesen Sie »Mit sieben Fragen schneller ans Verkaufsziel«.*

Wollen Sie Ihre Gesprächsziele besser definieren?   ❑   ❑
⇒ *Wenn ja, starten Sie mit »Das Gesprächsziel optimal definieren«.*

Wollen Sie ihren Wortschatz trainieren?   ❑   ❑
⇒ *Wenn ja, starten Sie mit dem Wortschatztraining*

Sprache besser verstehen

Einfach reden – einfach gut reden?

Zunächst einmal spreche ich Ihnen gleich an dieser Stelle meine Gratulation aus. Denn Sie gehören offensichtlich zu den Menschen, die erkannt haben, wie wichtig Sprache für jeden Erfolg in ihrem Leben ist. Sie haben beschlossen, sich mit Ihrer Sprache zu beschäftigen: um sich weiter zu entwickeln und alte, manchmal unnütze, oft sogar negativ wirkende Gewohnheiten bewusst zu machen; um durch kleine wirksame Veränderungen in Ihrer Sprache und durch mehr Einfühlungsvermögen für andere Menschen bessere Erfolge zu erzielen. Nicht zuletzt auch um Ihr Leben positiv zu gestalten und an Lebensqualität zu gewinnen.

Die meisten von Ihnen werden dieses Buch nicht zur Unterhaltung oder zufällig lesen. Ich bin sicher, Sie verfolgen damit ein ganz bestimmtes Ziel. Sie wollen mehr und das konzentriert. Denn Zeit ist unsere knappste Ressource, wird mehr denn je unser wichtigstes Gut. Sie investieren Ihre wertvolle Zeit, weil Sie etwas Konkretes verfolgen. Sie wollen Ihre Wirkung auf andere Menschen optimieren, das ganze Potenzial der sprachlichen Möglichkeiten nutzen und dadurch im privaten wie beruflichen Bereich einfach noch glücklicher und erfolgreicher sein. Und gleich zu Beginn dieses Buches können wir die erste Übereinstimmung erzielen. Denn indem Sie dieses Buch lesen, haben Sie ein Schlüsselfaktum erkannt.

> Kommunikation gehört zu den tragenden Säulen unseres Lebens. Und deshalb liegt auch hier mit das größte Erfolgspotenzial verborgen.

Miteinander zu reden zählt zu den Hauptbeschäftigungen unseres Lebens. Schon diese sehr einfache Aussage wirkt auf viele Menschen oft befremdlich. Vielleicht weil sie noch nie darüber nachgedacht haben. Jedoch überlegen Sie bitte einmal, wie viel Zeit ihres gestrigen oder heutigen Tages Sie damit verbracht haben. Wir alle wenden unendlich viel Zeit auf, mit anderen Menschen zu kommunizieren. Sei es im Beruf – mit Kunden, Kollegen oder Mitarbeitern – oder im privaten Bereich mit guten Freuden und unserem Partner. Ob im persönlichen Gespräch, am Telefon oder in schriftlicher Form. Mit unserer Sprache:

- *teilen* wir uns anderen Menschen *mit,*
- *gewinnen* wir wichtige *Informationen,*
- *beschreiben* wir Situationen,
- *drücken* wir Gefühle, Ablehnung usw. *aus,*
- *führen* wir andere Menschen,
- *beeinflussen* wir uns selbst und andere,
- *bauen* wir Sympathien *auf.*

Daher ist es eigentlich mehr als einleuchtend, dass genau hier für jeden Menschen auch mit das größte Potenzial und die eindeutige Chance besteht, sein soziales Leben zu gestalten, seine Wirkung auf andere zu steuern, Beeinflussungen vorzunehmen, eben einfach erfolgreich und glücklich zu sein.

Es ist allerdings einerseits verwunderlich, wie wenig im Allgemeinen für die sprachliche Weiterentwicklung getan, wie wenig Zeit in die Steigerung der kommunikativen Fähigkeiten investiert wird. Offensichtlich besteht in weiten Teilen unserer Gesellschaft die Meinung, Sprache sei etwas Selbstverständliches, Gottgegebenes. Reden und Schreiben haben wir ja schließlich alle in der Schule gelernt. Ein einmaliger, vermeintlich abgeschlossener Prozess. Auch der Volksmund sagt: »Redner werden geboren«.

Andererseits investieren wir unendlich viel Zeit in unsere Hobbys, die berufliche bzw. fachliche Weiterbildung und in Überstunden. Wozu? Wir wollen auffallen, uns von der Masse abheben und Schritt für Schritt auf der Karriereleiter nach oben kommen. Und noch immer glauben wir an den uralten Mythos, dass es auf unsere fachliche Kompetenz allein ankommt.

Die Industrie hat längst erkannt, was bei der Einstellung neuer Mitarbeiter zählt, und Sie können es mittlerweile in jeder Stellenausschreibung lesen.

> Die persönliche und kommunikative Kompetenz entscheidet zukünftig immer stärker über unseren beruflichen und damit auch den privaten Erfolg.

Es ist die persönliche Kompetenz, es sind die so genannten weichen Erfolgsfaktoren wie Team- und Kontaktfähigkeit, persönliche Ausstrahlung usw., die heute den Ausschlag geben. Alles Charakteristika, die eng mit unseren kommunikativen Fähigkeiten und den entsprechenden Verhaltensweisen zusammenhängen.

Warum also tun wir tatsächlich so wenig für diesen doch offensichtlichen »Erfolgsfaktor Sprache«? Liegt es vielleicht daran, dass wir unsere diesbezüglichen Kompetenzen als hoch genug einschätzen? Wahrscheinlich nicht. Denn die Realität zeigt ein völlig anderes, oft erschreckendes Bild. Zu zahlreich sind die sprachlichen Missverständnisse, die offensichtlichen kommunikativen Defizite und die dadurch auftretenden zwischenmenschlichen Störungen, als dass man diese Tatsache übersehen könnte. Zu häufig kommen Menschen beim Reden nicht auf den Punkt, langweilen ihre Zuhörer, missachten deren Reaktionen und die einfachsten Regeln ziel- und erfolgsorientierter Kommunikation. Viele Menschen haben sogar große Angst, vor einer größeren Anzahl von Leuten zu sprechen. Im Kasten unten sind nur einige Punkte, die oft dabei eine Rolle spielen, aufgelistet.

Nur wenige Menschen investieren etwas Zeit und Energie, um ihre kommunikative Kompetenz zu steigern und ihre Defizite auszugleichen. Obwohl manche sogar tagtäglich unter den Folgen leiden. Besteht vielleicht immer noch in der Öffentlichkeit die Meinung, dass nur Menschen mit einer Sprachstörung an Ihrer Sprache arbeiten sollten? Offensichtlich ist es unangenehm

Häufige kommunikative Defizite sind:

- eingeschränkter Wortschatz,
- mangelndes Sprachgefühl,
- keine Zuhörerorientierung,
- mangelnde sprachliche Flexibilität,
- nicht auf den Punkt kommen können,
- fehlende Souveränität,
- monotone Stimme,
- schlechte, undeutliche Aussprache,
- keine Betonung wichtiger Punkte,
- Angst vor einem größeren Zuhörerkreis usw.

oder gar peinlich, quasi wie der Gang zum Psychologen, der ja oft auch heimlich erfolgt, sich diesem Problem zu stellen. Vielleicht liegt es einfach nur am mangelnden Bewusstsein für unsere Sprache, am fehlenden Wissen um all die herrlichen Möglichkeiten und das wertvolle Erfolgspotenzial, das sie anbietet. Viele Menschen reden einfach drauf los, so, wie ihnen der Schnabel gewachsen ist, wie sie es irgendwann einmal zu Hause oder in der Schule gelernt haben. Sie überlassen vieles dem Zufall, reden sich oftmals um Kopf und Kragen und wissen selbst im Nachhinein manchmal nicht, was dadurch passiert und warum es z. B. zu einem Missverständnis gekommen ist.

Bestimmt sind Ihnen solche Menschen auch schon aufgefallen; sie reden heute noch so, wie vor vielen Jahren. Wenn Sie diese Personen einmal genauer beobachten und ihnen konzentriert zuhören, wird Ihnen auffallen, dass nicht nur in ihrer Sprache ein Stillstand eingetreten ist. Das ist nur ein äußeres Zeichen. Auch im Denken, bei ihren Ansichten, bei ihrem Wissen und Können gibt es nicht viel Fortschritt festzumachen. Diese Menschen leben vergangenheitsorientiert, entwickeln sich und ihre Persönlichkeit kaum weiter.

Überall lesen wir von Fortschritt, von rasanter Entwicklung. Wir bilden uns stetig weiter, üben uns in neuen EDV-Programmen und bedienen Computer mit immer höheren Prozessortaktraten, größeren Speicherkapazitäten und sind fast immer online. Doch etwas bleibt auf der Strecke: die Sprache. Die zunehmende Bedeutung von persönlicher Kompetenz, die vielen neuen Fachbegriffe und Anforderungen der modernen globalisierten Berufswelt und der wachsende Kontakt mit anderen Kulturen sollten allein Grund und Motivation genug sein, auch was unsere kommunikativen Fähigkeiten angeht, weiter zu wachsen.

> Die kommunikative Entwicklung ist ein wertvolles Indiz für den persönlichen Fortschritt.

Nutzen wir doch lieber ganz bewusst all unsere Möglichkeiten und die wunderbare, unendliche Vielfalt unserer Sprache, um mit unseren Worten eine klare Aussage zu machen, eine spürbare Wirkung zu erzielen und dadurch aktive Mitbestimmung für ein erfülltes, erfolgreiches Leben zu erreichen.

So kommen wir vom »Einfach-Reden« zum vielversprechenden »Einfach-gut-Reden«. Sie selbst werden den großen Unterschied bald spüren, und Ihre Gesprächspartner werden es Ihnen danken.

Sprache als interaktives Instrument

Wenn wir mit anderen Menschen reden, dann bedienen wir uns oft nur scheinbar derselben Sprache.

Selbst wenn wir uns miteinander in unserer Muttersprache unterhalten, sind die tieferen Denkstrukturen unterschiedlich und die dadurch auftretenden Missverständnisse zumeist riesengroß.

Unser gemeinsames Fundament, auf dem wir beim Reden aufbauen, ist die schulische Ausbildung. Wir haben z. B. dieselbe Grammatik unserer deutschen Sprache alle in der Schule gelernt und wissen mittlerweile ganz intuitiv, in welcher Art und Weise die Worte zu sprechen und zu schreiben sind. Ein Beispiel verdeutlicht diese Tatsache. Die folgenden Sätze: »Heute ist ein schöner, sonniger Donnerstag«, oder: »Ein ist schöner Donnerstag sonniger heute«, sind nur im ersten Fall sinnvoll. Während jeder von uns die Bedeutung des ersten Satzes sofort und eindeutig erkennen kann, hat der zweite Satz mit denselben Wörtern wenig Sinn. Die Struktur ist falsch, und wir erkennen ganz automatisch, dass hier etwas nicht stimmt. Somit wissen wir, dass nur Wörter in einer bestimmten Abfolge auch einen ganz bestimmten, nämlich den beabsichtigten Sinn ergeben. Selbst die Umstellung eines Wortes ist schon bedeutend, macht zum Beispiel aus einer Aussage eine Frage. Zum Beispiel: »Ist heute ein schöner sonniger Donnerstag?« Interessant ist immer wieder, dass fast alle, außer den wirklich sprachgestörten Menschen, diese Zusammenhänge ganz automatisch, spontan, ja intuitiv erkennen und selbst auch aktiv meist richtig anwenden. Kommen wir nun zur Wortwahl selbst, dem so genannten Wortschatz. Wie der Begriff »Wortschatz« schon selbsterklärend aussagt, geht es hier um die Vielfalt, den Reichtum der verschiedenen Wörter und entsprechend auch um die Spontaneität und Flexibilität der Wortwahl.

Bereits bei unserem persönlichen Wortschatz und dem Alltagsvokabular beginnen die großen Unterschiede. Hier entscheiden die Erfahrungen, der innere Reichtum und die Lebenseinstellung Ihrer Lehrer in Schule und Ausbildung, mit welchem Vokabular Sie gefüttert werden. Dazu kommt natürlich das Elternhaus und das gesellschaftliche Umfeld. Ganz entscheidend beeinflussen z. B. auch die Bücher, die Sie lesen, Ihre sprachliche Prägung und Ihren Wortschatz.

Wenn Sie selbst einmal in Ihrem näheren Umfeld darauf achten, wie die Menschen sprechen, dann werden Sie große Unterschiede im jeweiligen Wortschatz wahrnehmen. So werden Sie Menschen kennen, die nur über ein sehr eingeschränktes Repertoire an Wörtern ihrer Muttersprache verfügen. Dies zeigt sich deutlich dadurch, dass diese Personen:

• in denselben Situationen immer dasselbe sagen,
• inhaltsreiche Zustände nur sehr karg beschreiben,
• manchmal sogar um Wörter ringen.

Nun können Sie sich fragen, ob und warum unser persönlicher Wortschatz für unser Leben überhaupt so bedeutungsvoll ist. Die Antwort darauf ist sehr einfach und bedeutend zugleich.

> Worte sind der Versuch, Erkenntnisse, Momente und Gefühle zu beschreiben und Verhaltensweisen zu erklären.

Was denken Sie darüber? Sicher erkennen Sie die Folge dieser Aussage. Denn, wenn wir unsere Sprache dazu nutzen, all unsere Empfindungen, sämtliche äußeren Ereignisse und das zwischenmenschliche Verhalten zu beschreiben, in Worte zu fassen, dann heißt das letztendlich auch folgendes:

> Unsere Sprache entscheidet über den zwischenmenschlichen Erfolg und damit über unsere persönliche Lebensqualität.

Der Mensch ist das einzige Lebewesen, das die Möglichkeit hat, sich über Worte zu verständigen. Und misszuverstehen!
Unsere Sprache bietet unglaubliche Chancen, wenn wir sie verantwortlich, ganz bewusst und sehr gezielt einsetzen. Denn dieser scheinbare Vorteil, dieses einzigartige Privileg gegenüber anderen Lebewesen kann sehr schnell ins Gegenteil umschlagen, wenn wir unserer Sprache nicht genug Beachtung schenken, unsere Worte und deren Wirkung dem Zufall überlassen, oder die Worte anderer nicht sehr bewusst wahrnehmen, die wahren Botschaften zwischen den Zeilen nicht erfassen.
Denn unsere Sprache ist das soziale interaktive Instrument. Das heißt, auf die eigenen Worte zu achten, ist der erste Schritt in die richtige Richtung und sicher ein sehr guter Anfang. Noch sehr viel wertvoller wird Ihre persönliche, sprachliche Kompetenz, wenn Sie nicht nur auf Ihre eigene, sondern besonders auch auf die Sprache Ihres jeweiligen Gegenübers achten. Denn Kommunikation ist immer ein geschlossener Wirkkreislauf, mit stän-

diger wechselseitiger Beeinflussung. Die Frage ist also, ob Sie selbst Ihre Worte eher unbewusst verwenden, die Reaktion des Gegenübers und Ihre Wirkung dem Zufall überlassen wollen, oder nicht. Denken Sie daran: Über Ihre Worte und deren Wirkung entscheiden Sie allein! Sicher ist Ihnen nun ganz deutlich, dass erfolgreiche Kommunikation ein sehr bewusster, aktiver Prozess ist und viel mit Verantwortung, echtem Interesse am Gegenüber, sehr genauer Wahrnehmung und einem hohen Maß an Flexibilität zu tun hat. Daraus ergibt sich:

> Erfolgreiche Kommunikation basiert auf Bewusstsein, Eigenverantwortung, präziser Wahrnehmung und Flexibilität.

Das heißt: Ihren bewusst gesprochenen Worten sollte immer die genaue Wahrnehmung folgen. Wie reagiert Ihr Gesprächspartner auf Sie? Was genau sagt er? Wie spricht er mit Ihnen? Sie erkennen erst in diesem Moment, ob Ihre Botschaft richtig angekommen ist, können vielleicht noch Korrekturen vornehmen oder Missverständnisse vermeiden. Denn bitte denken Sie immer daran: Sprache ist nichts Oberflächliches. Alle Worte, die Sie selbst aussprechen oder andere Menschen Ihnen mitteilen sind das Ergebnis tief im Inneren des Sprechenden ablaufender Prozesse. Das, was für Sie als Sprache hörbar wird, ist bereits um Vieles ergänzt, reduziert oder korrigiert. Sehr häufig greift unsere Ratio ein, wenn wir unseren Emotionen freien Lauf lassen wollen. In vielen Fällen ist dies auch sinnvoll, ein Schutzmechanismus, der uns vor den Folgen allzu spontaner und unüberlegter Äußerungen schützen soll. Mit dem Nachteil aber, dass wir das, was wir eigentlich wirklich ausdrücken wollten, nicht losgeworden sind. Hält also dieser Schutzmechanismus unser Temperament zu oft im Zaum, ist ein beklemmender Gefühlsstau die Folge. So betrachtet können Sie vielleicht den nächsten verbalen Ausrutscher Ihres Partners einmal ganz anders aufnehmen: als ehrliche Offenbarung und als Ventil tief empfundener Gefühle.
Wenden Sie sich nun zunächst einmal Ihrer eigenen Sprache zu:

Wie sprechen Sie überhaupt? Wie bewerten Sie selbst und auch andere Menschen Ihre sprachlichen Qualitäten?

Mehr Bewusstsein für die eigene Sprache entwickeln

> An der eigenen Sprachqualität zu arbeiten,
> heißt zu wissen: »Wie spreche ich überhaupt?«

Es geht also um Ihre Selbsteinschätzung: Wie sprechen Sie? Bitte kreuzen Sie unten an, wo Sie sich einordnen:

Sprechen Sie:
- ❏ viel
- ❏ laut
- ❏ schnell
- ❏ in kurzen
- ❏ sachlich
- ❏ neutral

- ❏ wenig
- ❏ leise
- ❏ langsam
- ❏ in langen Sätzen
- ❏ gefühlsbetont
- ❏ unterhaltsam?

Verwenden Sie:
- ❏ oft dieselben
- ❏ positive
- ❏ meist die Gegenwartsform
- ❏ Indikative
- ❏ klare

- ❏ unterschiedliche Wörter
- ❏ negative Formulierungen
- ❏ Vergangenheitsform
- ❏ Konjunktive
- ❏ vage Angaben?

Wie sieht das Ergebnis aus? Sind Sie mit Ihren ehrlichen Antworten zufrieden? Achten Sie bitte gleich bei Ihrem nächsten Gespräch darauf, ob sich Ihr persönlicher Eindruck dabei erneut bestätigt. Nun bitten Sie zwei gute Freunde oder auch Ihren Partner, dieselbe Einschätzung für Sie vorzunehmen. Bitte halten Sie Ihre eigenen Ergebnisse noch zurück. Vergleichen Sie erst im Nachhinein.

> Wie schätzen andere Menschen Ihr
> sprachliches Verhalten ein?

Spricht bzw. erzählt die Person, um die es hier geht,	❏ viel	❏ wenig
	❏ laut	❏ leise
	❏ schnell	❏ langsam

Verwendet sie:	❏ oft dieselben	❏ unterschiedliche Wörter
	❏ positive	❏ negative Formulierungen
	❏ meist die Gegenwarts-	❏ Vergangenheitsform
	❏ Indikative	❏ Konjunktive
	❏ klare	❏ vage Angaben?

Stellen Sie die Ergebnisse bitte gegenüber. Wie fällt der Vergleich zwischen Selbst- und Fremdeinschätzung aus? Der Vergleich liefert Ihnen wichtige Erkenntnisse für die Selbstreflexion.

Bewusstes Wahrnehmen der eigenen Stimme

Dieses wichtige Kapitel sollten Sie sich selbst laut vorlesen!

Jetzt gehen wir gemeinsam einen Schritt weiter. Nachdem Sie Ihre Sprache kritisch betrachtet haben, können Sie hier einmal Ihr Bewusstsein für die eigene Stimme schärfen.

Bitte lesen Sie dieses Kapitel laut vor, und zwar so, dass Sie sich gut hören können. Vielleicht begeben Sie sich dazu an einen ruhigen Ort, an dem Sie ungestört sind. Machen Sie es sich bequem, und fangen Sie an, laut zu lesen. Nehmen Sie sich dafür bitte viel Zeit, lesen und sprechen Sie in einem für Sie angenehmen Tempo. Halten Sie Ihre Eindrücke, die Ihnen dabei kommen, bitte immer gleich fest. Denn sie werden später sehr aufschlussreich und für die Analyse interessant sein.

Legen Sie folgende Kriterien an, vollziehen Sie diese Schritte:
(1) Achten Sie darauf, was Sie hören, wie laut Sie sprechen, wie

Ihre Stimme klingt und wie verständlich Ihre Aussprache ist. Hören Sie sich selbst jetzt zum ersten Mal ganz bewusst zu? Umso besser, denn dann genießen Sie gerade ein besonders intensives und sicher neues Gefühl auf dem Weg zur Selbsterkenntnis.

(2) Wenn Sie jetzt an diese Textstelle kommen, können Sie anfangen, mit Ihrer Sprache zu spielen. Variieren Sie doch einmal die Lautstärke und das Lese- und Sprechtempo. Machen Sie zwischen den einzelnen Sätzen eine Pause, betonen Sie Wörter, die Ihnen besonders wichtig oder sympathisch erscheinen.

> Spielen Sie mehrmals mit der Stimme und mit Ihrer
> Sprache. Was bemerken Sie, was ändert sich?
> Wie fühlen Sie sich dabei?

Wenn Sie gerade im Sitzen lesen, können Sie auch einmal aufstehen, sich gerade aufrichten und die Seite so wieder von vorne lesen.

(3) Bemerken Sie einen Unterschied zwischen dem sitzenden und dem stehenden lauten Lesen?

(4) Was verändert sich bei der Stimme und in der Aussprache, wenn Sie mit nach unten gesenktem Blick lesen und danach mit aufgerichtetem Blick?

(5) Wenn Sie wieder an dieser Stelle angelangt sind, können Sie beginnen, beim Weiterlesen langsam und ruhig umherzugehen.

(6) Was verändert sich dabei?

> Achten Sie auf Ihre natürliche Atmung –
> den Rhythmus, die Tiefe. Wie atmen Sie überhaupt?

(7) Nun achten Sie bitte zusätzlich auf Ihre Atmung. Wie atmen Sie gerade? Wie ist Ihr Atemrhythmus, d. h. in welchem natürlichen Tempo holen Sie Luft, und wie tief atmen Sie ein und aus? Zählen Sie dies einmal anhand Ihrer Schritte, die Sie ausführen, ab. Vielleicht atmen Sie drei Schrittlängen ein und

danach auch drei wieder aus? Laufen Sie langsam umher, atmen Sie ganz normal, und achten Sie bewusst darauf, wie Ihre Atmung mit Ihrer Schrittfolge zusammenpasst. Sie werden bereits nach kurzer Zeit feststellen, wie viele Schrittlängen Ihr Ein- und Ausatmen jeweils dauern.

(8) Gleichzeitig werden Sie wahrscheinlich schon nach wenigen Minuten den stark beruhigenden, ausgleichenden Effekt dieser Harmonisierungsübung bemerken. Eine wohltuende Balance zwischen Atmen und Bewegung ist entstanden. Achten Sie besonders darauf, dass Sie nicht zu tief, das heißt, nicht zu viel Luft einatmen. Dies wird Sie sonst eher behindern und beim Weiterlesen stören. Atmen Sie ganz normal, und zwar etwa um Ihre natürliche Mittellage herum, die Sie ja bereits ermittelt haben.

(9) Wenn Sie sich Ihre Atmung bewusst gemacht, Ihren Atemrhythmus gefunden, Atmen und Bewegung in Harmonie miteinander verbunden haben, dann können Sie weiterlesen. Nun gehen, atmen und lesen Sie gleichzeitig. Sie verbinden und harmonisieren so drei verschiedene Abläufe. Sie werden bemerken, dass Sie nun nicht nur ganz bewusst auf Ihre Atmung und Bewegung achten, sondern auch automatisch sehr intensiv auf Stimme und Sprache.

> Ihre Atmung und Ihre Stimme gehören immer zusammen und haben etwas Besonderes gemeinsam: Beide können unbewusst ablaufen oder bewusst beeinflusst werden.

Vielleicht fragen Sie sich gerade, was die Übungen in diesem Kapitel mit dem Buchtitel »So reden Sie sich an die Spitze« zu tun haben? Nun, letztendlich wollen Sie mit Ihrer Sprache Erfolge erzielen. Sie wollen als überzeugende Persönlichkeit besonders souverän auftreten, auf Ihre Mitmenschen eine positive Wirkung erzielen.

Wussten Sie, dass Persönlichkeit vom dem lateinischen Wort »personare« abgeleitet ist, was so viel bedeutet wie »durchklingen« oder »durchdringen«? Das heißt, persönlicher Erfolg in der Kommunikation hat viel damit zu tun, was Sie zu sagen haben, noch mehr jedoch zählt die Wirkung Ihrer Stimme, d. h., wie Sie es sagen. Und Ihre Stimme zeigt immer auch nach außen Ihre Stimmung.

Daher ist es für Sie wichtig, ein Bewusstsein für Ihre Stimme und Atmung zu entwickeln. Erst, wenn Sie dieses wertvolle Fundament angelegt haben, können Sie mit Ihrer Sprache, Ihren Worten positiv wirken.

Was Sprache über Menschen verrät

Wenn Sie mit anderen Menschen kommunizieren, dann passiert immer mindestens zweierlei: Einerseits tauschen Sie beabsichtigte, offensichtliche Informationen aus, stellen Fragen, schildern Vorgänge, diskutieren über persönliche, wirtschaftliche oder politische Sachverhalte. Auf der anderen Seite geschieht etwas, das in vielen Fälle eine wesentlich größere Bedeutung hat: Sie geben zusätzlich, unbewusst und ungewollt, noch sehr viel mehr von sich selbst preis.

Denn über den eigentlichen Informationsgehalt Ihrer Worte hinaus zeigen bestimmte Verhaltensweisen und Signale ganz deutlich, was Sie gerade denken und fühlen, eben, was aktuell in

> Die Sprache ist unsere Visitenkarte.
> Unser persönlicher verbaler Fingerabdruck.

Ihnen vorgeht.
Es ist:

* *die Art,* wie Sie sprechen,
* *die Worte,* die Sie wählen,
* *das Verhalten,* das Sie zeigen, das die Gesamtwirkung ausmacht.

Wichtig dabei ist, dass die eigentliche Botschaft, also die Kerninformation, die Sie damit rüberbringen wollen, dadurch wesentlich bestimmt wird. Das heißt, genau diese Parameter entschei-

31

den darüber, ob Ihre beabsichtigte Wirkung unterstützt, deutlich abgeschwächt oder sogar verfälscht wird. Daher ist es so bedeutsam, dass Sie sich über genau diese Punkte sehr bewusst sind, Ihren persönlichen Fingerabdruck kennen lernen und optimieren.

Das eben Gesagte gilt natürlich auch umgekehrt, und Sie haben bei jeder persönlichen Kommunikation die wertvolle Gelegenheit, noch sehr viel mehr über Ihren Gesprächspartner zu erfahren, als nur das, was er Ihnen gerade erzählt. Das Zauberwort hier heißt konzentrierte Wahrnehmung. Das ist der Schlüssel jeder erfolgreichen Kommunikation. Nach innen, um das eigene Auftreten bewusst zu erleben oder nach außen, um auch die Verhaltensweisen und Reaktionen anderer sehr genau zu beobachten.

> Die Wahrnehmung ist der Schlüssel zur Erkenntnis über sich selbst und andere.

Erst durch intensive Wahrnehmung nach innen und außen haben wir also die Chance, unsere eigene und somit auch die Kommunikation mit anderen Menschen bewusst zu erleben und wirkungsvoll, erfolgreich zu gestalten.

Doch ehe wir näher auf diese Mittel und Möglichkeiten eingehen, überlegen wir uns doch einmal, woran es liegt und woher es kommt, dass Menschen sich unterschiedlich verhalten. Warum also hat jeder eine ganz unterschiedliche Art zu sprechen, wählt jeder verschiedene Worte zur Beschreibung identischer Situationen und zeigt somit insgesamt eine ganz individuelle Note im zwischenmenschlichen Verhalten?

Wir haben weiter oben bereits gesagt, dass unsere Sprache immer auch unsere ganz persönliche Visitenkarte, also gleichermaßen ein einzigartiger Fingerabdruck, ist. Doch während dieser bereits durch unsere Gene geprägt und bei der Geburt eindeutig festgelegt ist, verhält es sich mit unserer Sprache und unserem Verhalten anders. Hier entscheiden unser soziales

Umfeld, unser Elternhaus, die Art der Ausbildung und all unsere persönlichen Erfahrungswerte mit darüber, wie und in welche Richtung wir uns entwickeln. Es handelt sich dabei um einen Prägungsprozess aus Kindheit und Jugend bishin zum heutigen Lebenstag. Er beinhaltet all das, was wir bis dahin erlebt haben. Die Frage ist, wie positiv oder negativ, wie arm oder bereichernd, wie aufbauend oder niederschmetternd unser Erfahrungsschatz ist. Denn entscheidend und besonders folgenschwer dabei ist, dass wichtige Erfahrungen mit bestimmten Worten und Verhaltensweisen verknüpft, d. h. immer auch mit positiven, neutralen oder negativen Assoziationen behaftet sind. So wird verständlich, dass unsere Sprache auch unsere jeweiligen individuellen Erfahrungen repräsentiert. Und letztendlich offenbaren wir durch die Art und Weise, wie wir kommunizieren ganz eindeutig, welche Erfahrungen wir in unserem bisherigen Leben gemacht und welches individuelle Weltbild wir uns daraufhin aufgebaut haben. Sprache ist somit ein Spiegelbild unserer Persönlichkeit: unserer Werte und Ziele, unserer inneren Einstellung und Erwartungshaltung und, nicht zuletzt, unserer Stimmung.

> Die Wortwahl (»was«) zeigt die innere Einstellung.
> Die Art und Weise (»wie«) offenbart Ihre Stimmung.

Das, was Sie sagen (Ihre Wortwahl), verrät also, welches Weltbild sie haben. So wird ein positiv denkender Mensch immer anders reden als ein negativ denkender, ein sicherer anders als ein unsicherer, ein zielstrebiger anders als ein zielloser usw. Und der Reichtum Ihres persönlichen Wortschatzes offenbart, welch Geistes Kind Sie sind. Wie groß ist Ihr innerer Reichtum an Erlebnissen, Erfahrungen, Wahrnehmungen, Selbsterkenntnis, Wissen und eben auch an Worten?
In der Kindheit und Jugend werden wir überwiegend von außen geprägt, d. h. durch den Einfluss anderer Menschen werden wir in unserem Charakter und unserer Sprache geformt. Denken Sie z. B. nur an den großen Einfluss musikalischer oder sportlicher

Idole. Wie schnell haben wir damals Wörter aufgegriffen und verwendet, die trendy waren. Wie gerne und oft haben wir diese Wörter, völlig unkritisch benutzt, nur um dazuzugehören. Denken Sie heute nur einmal an einen Begriff, der von Jugendlichen bei jeder Gelegenheit verwendet wird: »cool«! Dieses Trendwort stellt eine unglaubliche Verarmung dar und beraubt die Sprache dieser jungen Menschen deshalb um viele wertvolle Facetten. Denn »cool« steht für: schön, herrlich, wertvoll, super, toll, wunderbar – und manchmal leider sogar schon für danke.

Mit dem Erwachsenwerden lässt dieser äußere Einfluss ein wenig nach, zumindest werden Dinge häufig kritischer hinterfragt, auf ihre Glaubhaftigkeit und Annehmbarkeit hin geprüft. In den meisten Fällen jedenfalls. Denn damit ist der erste Schritt zur Entwicklung der eigenen unverwechselbaren Persönlichkeit getan. Erst wenn Sie wirklich erkannt haben, dass Ihre Sprache einem Prozess permanenter Prägung unterliegt, und dass ihre Qualität nicht mehr nur andere, sondern zunehmend auch Sie selbst in der Hand haben, ist auch Ihre erfolgreiche Entwicklung möglich. Sie wird geprägt von all dem, was Sie tagtäglich erleben. Was Sie tun, mit welchen Menschen Sie sich umgeben, welche Ziele Sie sich setzen und mit welcher geistigen Nahrung Sie sich jeden Tag füttern. Also: Übernehmen Sie bitte selbst die Verantwortung dafür. Ersetzen Sie andauernde Fremd- durch ständige Selbstbeeinflussung, die tagtäglichen Horrormeldungen in den Nachrichten durch ein bereicherndes Gespräch, ein wertvolles Buch. Ihre persönliche, sprachliche und berufliche Weiterentwicklung dankt es Ihnen.

Mehr Erfolg durch Wahrnehmung

Im letzten Kapitel haben wir das Zauberwort »Wahrnehmung« bereits genannt und festgestellt, dass hierin der Schlüssel jeder erfolgreichen Kommunikation liegt.
Warum ist das so? Was immer Sie auch in Ihrem Leben erreichen wollen: Sie brauchen dafür fast ständig den guten Rat, die

Information, die Unterstützung oder gar die (Kauf-)Entscheidung anderer Menschen.

> Wahrnehmung ist der Schlüssel zum Erfolg,
> sie öffnet das Tor zur Welt des Gegenübers.

Genau zu diesem Zweck haben wir Menschen ein fantastisches Hilfsmittel: unsere Sprache. Damit bauen wir eine Brücke. Denn mit unserer Sprache tragen wir unsere Gefühle, unsere Einstellung und unsere Gedanken nach außen. Auch wenn Sie manchmal Ihr Glücksgefühl oder Ihren Kummer mit anderen Menschen teilen wollen, geschieht dies über Ihre Worte.

Sprache verbindet uns, sie ist die entscheidende Säule unseres Zusammenlebens und macht das Miteinander einzelner Individuen erst möglich. Wir transportieren neben sachlichen auch sehr viele emotionale Inhalte und zeigen so, was in uns vorgeht. Entscheidend ist, dass unsere Worte nur dann etwas bewirken können, wenn Sie beim Gegenüber wirklich angekommen sind, ihn erreicht haben und zum Handeln motivieren. Das gelingt, wenn wir uns auf derselben Ebene befinden, den anderen verstehen und uns verstanden fühlen. Wenn wir bereit sind, uns gegenseitig wertzuschätzen und aufeinander zuzugehen, dann wird erfolgreiche Kommunikation möglich.

Nun gibt es eine Reihe von Störgrößen, die unsere Kommunikation und den gewünschten Erfolg beeinträchtigen. Dies beginnt beim Wortschatz. Jeder Mensch hat eine ganz eigene Art und Weise zu sprechen. Er benutzt seinen speziellen Wortschatz, der seiner Ausbildung, seinem bisherigen Leben und all seinen Erfahrungen entspricht. Und er assoziiert mit jedem einzelnen Wort, das er hört oder selbst ausspricht, bestimmte Erinnerungen. Mit Erinnerungen sind Gefühle verbunden. Diese können positiv, neutral oder negativ sein. In jedem Gespräch durchlaufen wir daher ein Auf und Ab der Gefühle. Ein in den meisten Fällen unbewusster Prozess mit fatalen Folgen. So können wir oft nicht einmal ahnen, dass wir unseren Gesprächspartner durch ein einziges Wort, eine Redewendung oder einen Witz verstimmt haben.

Manche Missverständnisse entstehen im wahrsten Sinne des Wortes dadurch, dass Ihr Gegenüber Sie nicht richtig versteht. Sei es, weil die Person die Bedeutung eines einzelnen Wortes nicht kennt, das Sie benutzt haben, oder weil Sie es ganz einfach zu leise bzw. zu undeutlich ausgesprochen haben. In jedem Fall entsteht für ihren Gesprächspartner eine unangenehme Situation, er kann Ihnen nicht mehr folgen, fühlt sich unwohl, und die Verbindung reißt ab. Was passiert? Die Gedanken Ihres Zuhörers schweifen ab, er hört Ihnen nicht mehr zu, wird unruhig oder er unterbricht Sie vielleicht sogar. Auf jeden Fall ist ihr harmonisches Miteinander in diesem Moment gestört.

Eine ähnliche Wirkung hat die Art und Weise, mit der Menschen miteinander reden. Allein eine unterschiedliche Art zu sprechen, führt manchmal schon zu einer negativen Gesprächsatmosphäre. Sind die Unterschiede in z. B. der Lautstärke, dem Sprechtempo oder der Körpersprache zu groß, dann ist die Kommunikation auf einer gemeinsamen Wellenlänge schon kaum mehr möglich.

> Bauen Sie eine gemeinsame Wellenlänge auf, dann wird Ihr Gespräch wirklich erfolgreich.

Und genau darauf kommt es an. Erst wenn Sie mit Ihrem Partner eine freundschaftliche und vertrauensvolle Atmosphäre gegenseitiger Wertschätzung aufgebaut, also eine gemeinsame Wellenlänge haben, dann wird auch eine wirklich vielversprechende, erfolgreiche Kommunikation möglich. Nur in einem solchen Klima hört Ihnen der andere wirklich zu und ist offen für Ihre Wünsche. Wie nun erreichen wir eine gemeinsame Wellenlänge? Wie vermeiden wir die Störungen, die unsere Kommunikation so schnell sinn- und erfolglos machen?

Müssen wir uns dazu einschmeicheln, dem anderen unterwerfen oder gar unsere Persönlichkeit aufgeben? Mitnichten! Sie brauchen dazu nur das einzusetzen, was Ihnen von Geburt an mitgegeben wurde: ihre fünf Sinnesorgane. Mit diesen fünf Sinnen haben Sie die Möglichkeit, alles um sich herum sehr genau wahrzunehmen. So können Sie Ihren Gesprächspartner mit Ihren Augen sehen, seine Worte mit Ihren Ohren hören.

> Über Ihre Wahrnehmung erfahren Sie schnell, wie Sie die gemeinsame Wellenlänge aufbauen können.

All das tun Sie in Ihrem Alltag sowieso schon. Vielleicht unbewusst oder nicht mit ganzer Aufmerksamkeit. Wenn Sie aus Ihrer Wahrnehmung jedoch einen bewussten Vorgang machen, wenn aus Sehen »Hinsehen« und aus Hören »Zuhören« wird, Sie Ihrem Gegenüber die volle Aufmerksamkeit schenken, ihn beachten und beobachten, dann liegt darin eine unglaublich wertvolle Chance. Sie reden nicht mehr nur, sondern Sie nehmen die gesamte Situation bewusst wahr. Sie reden und achten dabei auf die Wirkung Ihrer Worte.

> Machen Sie aus Ihrer Wahrnehmung einen bewussten Vorgang, dann erfahren Sie mehr von dieser Welt.

Dadurch erhalten Sie eine Fülle von wertvollen Informationen. Sie bemerken, in welcher Stimmung Ihr Gesprächspartner ist. Sie achten darauf, wie er sich verhält, wie er spricht und was er sagt. Sie erkennen, wenn er unruhig wird, plötzlich nicht mehr zuhört oder auf Ihre Fragen unangemessen reagiert. Und Sie haben nun – vielleicht zum allerersten Mal – die Gelegenheit, auf sein Verhalten bewusst einzugehen, ihn zu beeinflussen. Ist Ihr Gegenüber z. B. offensichtlich in Gedanken und noch ganz woanders, dann macht es keinen Sinn, wenn Sie einfach drauflosreden. Lassen Sie ihm Zeit, schweigen Sie. Warten Sie ab, bis er Ihnen seine Gesprächsbereitschaft signalisiert, z. B. durch Blickkontakt. Reagiert er auf Ihr erstes Argument nicht eindeutig, dann brauchen Sie das nächste jetzt noch nicht vorzutragen. Und wenn Sie bei diesem Gespräch nicht nur Störungen vermeiden, sondern wirklich etwas erreichen wollen, dann suchen Sie nach Gemeinsamkeiten, und sorgen Sie für Übereinstimmungen. Sie fördern dadurch von Anfang an ein gutes Gesprächsklima.

Erfolg entsteht durch *Gemeinsamkeiten:*

• in der Körpersprache (Gestik, Mimik),
• in der Sprache (Wortwahl, Niveau),
• in der Sprechweise (Tempo, Lautstärke, Pausen),
• beim Inhalt (Thema),
• in der Stimmung (Lachen).

Wenn wir von Übereinstimmung reden, dann meinen wir nicht »nachäffen«, sondern ein Angleichen. Das ist leicht möglich, wenn man sich dem anderen anpassen will.

> Im Angleichen an den Gesprächspartner liegt die Basis der Harmonie und die Chance zur Führung.

Denn alles, was sich in Einklang miteinander befindet, harmoniert auch. Es entsteht Resonanz, und die Gesprächspartner verstehen sich. Wenn Sie sich also in einigen der vorher genannten Verhaltensweisen ein wenig auf Ihren Partner einstellen, sich ihm angleichen oder zumindest irgendwie auf ihn eingehen, dann ist Ihnen ein guter Zuhörer und bereitwilliger Gesprächspartner so gut wie sicher. Und genau das ist der Moment, an dem Sie langsam die Führung des Gesprächs übernehmen. Jetzt können Sie Ihren Partner motivieren, d. h., das Gespräch in die Richtung lenken, die Sie Ihrem Ziel näher bringt. In der Praxis bedeutet dies, einen permanenten Wechsel von Angleichen und Führen, Führen und Angleichen zu erreichen.

> Ein sehr ziel- und wirkungsorientiertes Gespräch wird durch das Prinzip Angleichen und Führen möglich.

Diese Strategie bestimmt jede wirkungsvolle Präsentation und jedes erfolgreiche Verkaufsgespräch. Die Kunst besteht darin, dem Kunden jedes Highlight oder Argument einzeln und nut-

Was wir uns alle wünschen

Wenn wir miteinander reden, wollen wir:

- andere richtig verstehen;
- wissen, was in ihnen vorgeht;
- auf den Punkt kommen können;
- von anderen verstanden werden;
- die passenden Worte finden;
- auf das Gegenüber interessant wirken;
- unsere Gedanken und Gefühle mitteilen;
- unsere Erfahrungen vergleichen;
- durch Fragen Informationen erhalten;
- unser Wissen vermitteln;
- Gemeinsamkeiten herausfinden;
- uns näher kennen lernen;
- mit Einwänden gut zurechtkommen;
- unfaire verbale Attacken überstehen;
- in schwierigen Gesprächen stressfrei reagieren;
- uns und unsere Meinung gut vertreten;
- Übereinstimmung erzielen;
- ein Argument, ein Produkt oder eine Leistung verkaufen;
- natürlich und frei von Angst auftreten;
- einen guten Eindruck hinterlassen;
- Spaß haben und uns wohlfühlen;
- andere für unsere Ziele begeistern;
- Sicherheit und Souveränität ausstrahlen;
- Reaktionen erhalten;
- Ärger und Konflikte bereinigen;
- unsere Anerkennung ausdrücken;
- das Gespräch in eine Richtung lenken können;
- neue Wege und Möglichkeiten kennen lernen;
- erkennen, dass wir wirklich gebraucht werden;
- neue Freundschaften schließen;
- persönlich beachtet und geschätzt werden.

Summa summarum:

o **Sehr viel Anerkennung erfahren, eine positive Wirkung und persönliche Erfolge erzielen.**

zenorientiert darzustellen, auf seine positive, zustimmende Reaktion zu achten und sich dann auch sein entschiedenes »Ja« abzuholen. Erst wenn Sie dies erreicht haben, gehen Sie weiter zum nächsten Highlight. Wie oft erleben wir Verkäufer, die dies missachten, den Kunden mit Produktvorteilen überschütten und ihn erst dann beachten, wenn er nicht mehr interessiert ist. Erfolgreiche Verkäufer bauen so genannte »Ja-Straßen«, holen sich immer zuerst ein Ja (angleichen) und gehen (führen) erst dann zum nächsten Argument. Und in geselligen Runden prostet man sich immer wieder einmal zu, um sich anzugleichen.

Wertvolle Grundannahmen der Kommunikation

Bevor wir uns mit den einzelnen Wirkmitteln unserer Sprache beschäftigen, wollen wir uns zunächst einmal auf einige besonders wichtige und wertvolle Grundannahmen der Kommunikation verständigen. Wenn Sie deren Bedeutung wirklich erkennen, verinnerlichen und diese Leitsätze zukünftig auch berücksichtigen, dann wird sich in Ihrem Leben allein dadurch schon sehr viel Positives entwickeln.

Grundannahmen der Kommunikation:

1. Kommunikation ist die wechselseitige zwischenmenschliche Beeinflussung.
2. Kommunikation findet immer auf zwei Ebenen statt: auf der Sach- und Beziehungsebene.
3. Die verbale Sprache ist nur ein Teil der Kommunikation, Körpersprache der andere.
4. Kommunikation findet immer statt, auch wenn gerade nichts gesagt wird.
5. Es zählt nicht, was gesagt wird, sondern nur das, was beim anderen »ankommt«.
6. Kommunikation ist geprägt von Tilgungen, Verzerrungen und Verallgemeinerungen. Diese sind die Grundübel der Kommunikation.
7. Jeder Mensch hat ein Recht auf sein eigenes Weltbild.
8. Unsere Wörter haben für jeden Menschen eine unterschiedliche Bedeutung.

1. Kommunikation ist eine wechselseitige zwischenmenschliche Beeinflussung.

Sender

A $\Longleftrightarrow$ B

Empfänger

Wenn wir miteinander reden, dann beeinflussen wir uns dabei immer auch gegenseitig. Egal, was Sie sagen, Sie erhalten darauf eine Reaktion. Dies kann sowohl eine ausgesprochene als auch eine unausgesprochene Antwort sein. In jedem Fall werden Sie – und somit der weitere Verlauf des Gespräches – in irgendeiner Form beeinflusst. Werden Sie z. B. von Ihrem Gegenüber gelobt, dann reagieren Sie darauf ganz anders, als würden Sie unsachlich kritisiert werden. Und selbst wenn wir die Worte anderer gar nicht bewusst wahrnehmen, geschweige denn darauf reagieren, so beeinflussen uns diese doch. Sie haben es bestimmt schon erlebt: Noch lange nach einer Unterhaltung fallen Ihnen plötzlich einzelne Wörter, Aussagen oder Behauptungen anderer ein und erfreuen oder verärgern Sie dann. Der große Nachteil besteht in solchen Situationen darin, dass Sie sich im Nachhinein nur noch freuen oder aufregen, aber leider kaum noch reagieren können.

> Beeinflussung findet stets gegenseitig statt.

2. Kommunikation findet immer auf zwei Ebenen statt, auf der Sach- und Beziehungsebene.

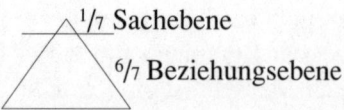

Wie Sie in der obigen Abbildung sehen können, dominiert im Gespräch die Beziehungsebene. Doch worum handelt es sich bei diesen beiden Ebenen?
Auf der Beziehungsebene werden Emotionen ausgetauscht, es

wird Vertrauen gebildet und über Sympathie bzw. Antipathie entschieden. Die Beziehungsebene bestimmt fast alle unsere Gespräche. Sie entscheidet mit bis zu 6/7, wie gut wir mit anderen Menschen auskommen und welche Wirkung wir erzielen. Wichtig dafür ist die Art und Weise, »wie« wir uns verhalten.

Auf der Sachebene transportieren wir die inhaltlichen Informationen, das »Was«. Diese ist wichtig, wenn es darum geht, Zahlen, Daten und Fakten mitzuteilen oder auszutauschen. Denken Sie z. B. an die Frage nach einer Telefonnummer. Natürlich wollen Sie auf diese Frage in erster Linie eine sachliche Antwort, also die Telefonnummer. Wenn Sie diese erhalten, dann ist Ihr Bedürfnis gedeckt, Sie sind zufrieden. Ist dies immer so?

Natürlich nicht! Denn selbst in einem solchen Gespräch wirkt immer auch die Beziehungsebene ganz entscheidend mit. Auch wenn Sie die gewünschte Information erhalten, so macht es doch die Art und Weise aus, wie Ihnen die Antwort gegeben wird, ob Sie sie als zufriedenstellend empfinden. So kann es sogar passieren, dass Ihnen ein freundlicher Gesprächspartner, der Ihre Frage nicht beantworten kann, lieber ist als derjenige, der Ihnen die gewünschte Information gibt, aber unfreundlich und muffelig ist.

Aus diesem Grund ist die Beziehungsebene fast immer dominierend in der Kommunikation. Im nächsten Kapitel werden wir diese Tatsache näher beleuchten.

> Die Beziehungsebene dominiert die Kommunikation.
> Sie entscheidet über Sympathie, Vertrauen und letztendlich auch darüber, wie gut wir bei anderen ankommen.

3. Sprache ist nur ein Teil der Kommunikation, Körpersprache der andere. Viel zu oft achten wir im Gespräch nur darauf, was wir selbst oder die anderen sagen. Wir verschenken dadurch die wertvolle Gelegenheit, die vielen wichtigen Informationen wahrzunehmen, die uns die Körpersprache der anderen verrät.

4. *Kommunikation findet immer statt, auch wenn gerade nichts gesagt wird.* Diese Tatsache ist wichtig, denn sie bedeutet: Auch wenn Sie oder andere nichts sagen, sagen sie etwas. Die Körpersprache eines Menschen zeigt ganz deutlich, ob er gerade aufmerksam zuhört oder geistig abwesend ist, ob er sich freut oder ärgert, ob er sich von den Worten seines Gegenübers betroffen fühlt oder sich langweilt. Achten Sie daher bitte immer sehr genau auf die körpersprachlichen Reaktionen Ihrer Zuhörer. Wenn Sie z. B. gerade etwas erklären und dabei beobachten, dass Ihr Gegenüber die Stirn in Falten legt, die Augenbrauen hoch- oder die Mundwinkel nach unten zieht, dann unterbrechen Sie Ihren Redefluss und reagieren sofort. So können Sie auf offensichtliche Probleme schneller eingehen, vielen Missverständnissen vorbeugen und ein positives Gesprächsklima bewahren.

Beachten Sie die Körpersprache Ihrer Zuhörer.

5. *Es zählt nicht das, was gesagt wird, sondern nur das, was beim anderen ankommt.* So einfach und selbstverständlich sich diese Aussage für Sie auch anhören mag, so wenig wird sie im Allgemeinen beachtet. Viel zu oft ist uns nur wichtig, was wir und dass wir etwas gesagt haben. Eine rein handlungsorientierte Einstellung. Dabei missachten wir, ob und wie der Gesprächspartner unsere Worte überhaupt verstanden hat.

Erfolgreiche Kommunikation ist immer sehr empfängerorientiert: Es zählt nur, was ankommt.

6. *Kommunikation ist geprägt von Tilgungen, Verzerrungen und Verallgemeinerungen.* Diese sind die Grundübel der Kommunikation. Wir alle neigen immer wieder dazu, in unserer Sprache

bestimmte Informationen und Details wegzulassen, Erlebnisse und Zusammenhänge verändert darzustellen und einmalige Erfahrungen für die Zukunft zu verallgemeinern.

Bei der **Tilgung** werden Erfahrungen und Ereignisse nur reduziert dargestellt. Das liegt daran, dass uns bestimmte Details dieser Situation unwichtig oder sogar unangenehm sind. Durch Tilgungen gehen uns selbst und dem Zuhörer leider wichtige und wesentliche Detailinformationen verloren.

Beispiel!

»Ich habe ein Problem (… *mit Dir*)«. In diesem Satz fehlt die wesentliche Information, nämlich die, die sagt, worin das Problem besteht. Das beste Mittel, um eine gewünschte Information zu erhalten, ist eine Frage. Beispielsweise: Womit haben Sie ein Problem? Denn erst dann ist die Weiterführung des Gespräches in sinnvolle Bahnen gebracht.

Eine Form der **Verzerrung** ist die Nominalisierung.

Beispiel!

»Ihr Produkt auf den Markt zu bringen war leider eine falsche Entscheidung.« Wenn Sie solche Nominalisierungen bei Ihrem Gesprächspartner feststellen, können Sie ihm helfen, diesen manchmal sehr unangenehmen inneren Vorgang umzugestalten und ihn wieder für Ihre Ziele zu gewinnen. An dieser Stelle könnten Sie ihn z. B. fragen: »Was hindert Sie daran, Ihre Entscheidung zu ändern?« Oder auch: »Was würde passieren, wenn Sie sich nach diesem Gespräch neu entscheiden?« Wichtig ist, dass Sie diese, vielleicht für Sie negative Nominalisierung, nicht einfach im Raum stehen lassen, sondern den abgeschlossenen Denkansatz in einen veränderbaren Prozess verwandeln.

Bei der **Verallgemeinerung** wird ein einmaliges Erlebnis bzw. eine einmalige Erfahrung auf alle ähnlichen Situationen in der Zukunft angewandt. Dies führt einerseits zu einer Verarmung im subjektiven Erleben und andererseits zu scheinbar unüberwindbaren Widerständen für den Gesprächspartner.

Beispiel!
»Sie sind *immer* unpünktlich, wenn wir uns treffen.«
Wenn Ihnen dies gesagt wird und es nicht stimmt, dann sollten
Sie diese Aussage so nicht stehen lassen. Sagen Sie dann bitte
nicht: »Das stimmt nicht«, denn mit dieser typischen Reaktion
provozieren Sie nur weiteren Widerstand, der keinen der Beteiligten weiterbringt. Stellen Sie lieber wieder eine Frage. Etwa:
Was meinen Sie mit »immer?« Oder auch: »Wirklich immer?«
Typische Verallgemeinerungen sind mit Wörtern wie *alle, jeder,
nie, immer* und *keiner* gekennzeichnet. Gerade Verallgemeinerungen sind übrigens ein sehr häufig praktiziertes Grundübel der
Kommunikation. Menschen, die oft verallgemeinern, sind verschlossen für neue Entwicklungen und berauben sich und andere sehr vieler Möglichkeiten.
Entscheidend ist, dass Sie im Gespräch in all diesen Fällen auf
Ihr Gegenüber eingehen und den Sachverhalt hinterfragen. Sie
erhalten so wertvolle, zusätzliche Informationen, vermeiden
Missverständnisse, Irrtümer und Vorurteile gegen Ihre Person.

> Tilgungen, Verzerrungen, Verallgemeinerungen
> sollten Sie immer gleich gezielt hinterfragen.

7. *Jeder Mensch hat ein Recht auf sein eigenes Weltbild.* Wir
haben bereits in einem früheren Kapitel darüber gesprochen, dass
jeder Mensch sein eigenes Weltbild, seine eigene Realität entwickelt. Für eine wirkungsvolle und erfolgreiche Kommunikation ist es entscheidend, das zu wissen und auch anzuerkennen. Erst
mit dieser Toleranz ist es uns möglich, wirklich auf den anderen
einzugehen, seinen Gedanken zu folgen und ihn auch für unsere
Zielsetzungen zu gewinnen, statt ihn zu verurteilen.
Und für die eigene Weiterentwicklung ist es oft von entscheidender Bedeutung, sich um andere Standpunkte zu bereichern.

> Zeigen Sie mehr Toleranz für andere Weltbilder,
> und bereichern Sie sich um andere Standpunkte

8. Wörter haben für jeden Menschen eine unterschiedliche Bedeutung. Dies zu wissen, ist für uns besonders wertvoll, da wir dann auch so manche scheinbar unverständliche Reaktion unseres Gegenübers besser verstehen oder zumindest akzeptieren können. Es ist nun einmal so, dass für jeden mit einem bestimmten Wort möglicherweise eine andere Bedeutung verbunden und somit ein anderes Gefühl assoziiert wird. Denken Sie nun einmal an den Begriff »Natur«. Vielleicht wirkt dieses Wort auf Sie positiv. Auf den Allergiker mit Heuschnupfen sicherlich nicht. Natürlich können Sie im Voraus nicht wissen, welche Bedeutung ein Wort für andere hat. Es reicht auch vollkommen aus, wenn Sie stets darauf achten, wie andere auf bestimmte Begriffe reagieren. Sollte eine Reaktion einmal völlig anders ausfallen, als von Ihnen beabsichtigt, dann sprechen Sie dies ruhig offen an. Für Sie ist es wichtig zu wissen, dass Ihre Wörter in anderen Menschen die entsprechenden Vorstellungen, Erinnerungen und Erwartungen formen.

> Unsere Worte wecken in anderen Menschen immer Gefühle, Vorstellungen und Erinnerungen.

✍ **Übung!***

Bitte ergänzen Sie die leeren Textstellen!

① Sprache ist .... der Kommunikation.

② Kommunikation ist die ....
Beeinflussung.

③ Jeder Mensch hat ein Recht, auf seine eigene ....

und sein individuelles ....

④ .... ist erst dann möglich, wenn die Legitimität fremder Weltbilder anerkannt wird.

⑤ Kommunikation .... Auch dann, wenn nichts gesagt wird!

⑥ Es ist entscheidend, ...Nicht das, was gesagt wurde.

⑦ Kommunikation ist geprägt von ....

und...

⑧ .... sind die Grundübel der Kommunikation!

⑨ Worte haben für jeden Menschen ....

⑩ Kommunikation findet immer auf .... statt.

⑪ Die .... ist oft sehr viel bedeutender

als die ....

⑫ Es ist besonders wertvoll, sich um den ....
anderer Menschen zu bereichern.

Sprache und Motivation

Alles beginnt mit einem positiven Gefühl

Wenn Sie mit anderen Menschen erfolgreich kommunizieren, mit Ihren Worten Wirkung erzielen, überzeugen und echte Begeisterung ausstrahlen wollen, dann beginnt alles mit einem positiven Gefühl. Denn genau durch dieses bewusst erzeugte Gefühl, sorgen Sie für die richtige innere Einstellung und eine optimale Einstimmung auf das anstehende Gespräch.
Was hat nun die Stimmung mit unserer Wirkung nach außen zu tun?

Glücksquadrat

Denken   Fühlen

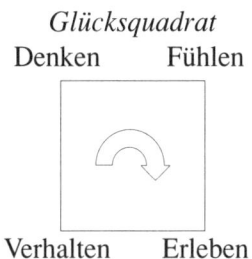

Verhalten   Erleben

Einen wichtigen Zusammenhang verdeutlicht das oben dargestellte Glücksquadrat. Wir wollen es anhand von zwei gegensätzlichen praktischen Beispielen näher beleuchten.
Stellen Sie sich vor, Sie denken an Ihren Feierabend. Sie haben sich mit guten Freunden zum Abendessen verabredet, sich schon seit Monaten nicht mehr getroffen und sich bestimmt sehr viel Neues zu erzählen. Was passiert? Sie freuen sich darauf und können es kaum mehr erwarten.
Im zweiten Fall denken Sie an den Termin, den Sie mit einem schwierigen Kunden haben. Zwischen Ihnen gab es in der Vergangenheit oft Ärger und Missverständnisse. Und Sie haben

erfahren, dass es diesmal um eine Fehllieferung gehen wird, die gerade vorgekommen ist.

> Unsere Gefühle entscheiden über den Erfolg.

Worin unterscheiden sich nun diese beiden Situationen? In beiden Fällen treffen Sie mit Menschen zusammen, unterhalten sich und verbringen gemeinsam eine bestimmte Zeit. Der hauptsächliche Unterschied besteht in den Gedanken und Gefühlen, die Sie vor dem jeweiligen Gespräch entwickeln. Daraus entstehen zwei völlig unterschiedliche innere Einstellungen in Bezug auf den Gesprächspartner, das Gespräch und den wahrscheinlichen Verlauf.

Wenn Sie im ersten Fall an Ihre lieben Freunde und das bevorstehende Treffen *denken,* dann sorgen Ihre Erwartungen dafür, dass Sie in sich eine angenehme Vorfreude *fühlen.* Allein durch dieses freudige Gefühl werden Sie Ihre Verabredung später auch als sehr bereichernd und wertvoll *erleben* und sich im Gespräch sicher sehr offen, positiv und kooperativ *verhalten.*

Nun zum zweiten Fall. Sie wissen, dass es um einen Ihrer »Lieblingskunden« geht und Sie diesmal auch noch einen eindeutig von Ihnen zu verantwortenden Fehler zu rechtfertigen haben. Allein wenn Sie nur an diese beiden negativen Aspekte *denken,* entstehen in Ihnen Widerstand und Skepsis. Sie *fühlen* sich schon jetzt unwohl. Wenn Sie den Kunden dann endlich treffen, sind Sie wahrscheinlich alle nur erdenklichen Möglichkeiten durchgegangen und haben überlegt, was wohl alles Negatives passieren wird. So berauben Sie sich selbst der Chance, dass das Gespräch anders, nämlich positiv verlaufen könnte. Denn Sie haben systematisch eine negative innere Einstellung aufgebaut und werden dadurch auch die reale Situation als sehr angespannt und schwierig erleben. Dies führt sowohl bei Ihnen als auch bei Ihrem Gesprächspartner dazu, sich ablehnend und nicht kooperativ zu *verhalten.*

Eines haben beide Fälle gemeinsam. Sie bauen jedesmal eine Erwartungshaltung auf. Einmal eine positive, zum anderen leider eine negative. Unsere Erwartungshaltung hat einen sehr großen Einfluss darauf, wie wir die jeweilige Situation subjektiv erleben. Sie bestimmt also unsere Wahrnehmung, die Gefühle, die wir dabei entwickeln, unsere Erlebnisse und damit natürlich auch unsere eigene Wirkung auf andere Menschen. Lassen Sie sich diesen Zusammenhang noch einmal auf der Zunge zergehen, denn die Erkenntnis daraus kann Ihr Leben nachhaltig verändern.

> Nicht die Situation selbst, sondern vielmehr die inneren Einstellungen, mit denen wir handeln, entscheiden oft darüber, wie wir Situationen erleben: als positiv oder negativ.

Es sind also angenehme, positive Gefühle, die wir für unsere wirkungsvolle und erfolgreiche Kommunikation brauchen. Und nicht nur dort, denn gute Gedanken und Gefühle können Ihre gesamte Lebenseinstellung zum Positiven verändern. Bitte verstehen Sie mich richtig: Natürlich haben wir es in unserem Leben mit sehr unterschiedlichen Menschen und Situationen zu tun. Das können Sie auch nicht ändern, es reicht vollkommen aus, wenn Sie zwischen den beiden Situationen nicht mehr so sehr unterscheiden und das, was Sie im ersten (positiven) Fall ganz intuitiv und automatisch tun, im zweiten Fall bewusst erreichen. Sie allein sind Herr Ihrer Gedanken. Sie können entscheiden, was und meistens auch, woran Sie denken wollen. Es ist alles eine Frage Ihrer Prioritäten und Zielsetzungen. Wollen Sie sich immer wieder mit denselben negativen Gedanken aufhalten, in denselben Situationen nur Misserfolge ernten und sich so in Ihrer Weiterentwicklung bremsen? Oder entwickeln Sie lieber sehr viel Freude daran, in schwierigen Personen und Situationen etwas Positives, nämlich Anspruchsvolles zu sehen, alles offen zu erleben und sich durch Ihr positives Verhalten ständig neue Chancen zu eröffnen?
Eines garantiere ich Ihnen schon jetzt: Die zweite Variante ist nicht nur die wesentlich angenehmere und erfolgreichere, son-

dern danach zu leben, macht auch noch viel mehr Spaß. Sie überlassen sich nicht mehr nur Ihren, vielleicht von außen negativ
gesteuerten Gedanken, sondern lenken diese ganz bewusst. Sie
sind nicht mehr nur Opfer Ihrer eigenen oder der Stimmungen
anderer Menschen, sondern Sie produzieren Ihre gute Laune
selbst.

> Die Kunst der Selbstmotivation:
> Positive Gedanken und Worte wecken in Ihnen
> auch positive Gefühle.

Die wichtigste Frage ist: Wie produziere ich positive Gefühle?
Es geht ganz einfach: Indem Sie sich sehr oft und ganz bewusst

- an einen besonders schönen Moment Ihres Lebens erinnern,
- durch positiv besetzte Wörter selbst gezielt günstig stimulie-
ren.

Im ersten Fall überlegen Sie sich bitte einmal in Ruhe, was Sie in
Ihrem Leben besonders Schönes erlebt oder Außergewöhn-liches
geleistet haben. Gehen Sie in der Erinnerung zurück, und
genießen Sie alles noch einmal ganz intensiv. Je häufiger Sie dies
tun, desto schneller und intensiver wecken Sie diese Glücksge-
fühle. Auch durch Ihre Sprache können Sie angenehme Gefühle
produzieren. Verwenden Sie positive motivierende Begriffe.
Mehr dazu erfahren Sie im Kapitel zum Thema »Power-Sprache«. So einfach geht das. Was allein zählt, ist die Wiederholung.
Bestimmt merken Sie schon, wovon ich spreche. Es geht um
Ihre Freiheit!
Indem Sie nicht mehr nur vor angenehmen, sondern auch vor
heiklen Gesprächen und Situationen positive Gefühle entwickeln, befreien Sie sich aus Ihrem bisherigen schicksalabhängigen
Erleben und Verhalten. Übernehmen Sie ab heute die Verantwortung für sich, denken und sprechen Sie sehr bewusst und
positiv. Sie entwickeln dadurch eine gute Stimmung, Ihre
Lebensqualität steigt, und Sie haben viel mehr Erfolg im zwischenmenschlichen Umgang.

✎ **Übung!**

Nun zur Praxis. Bauen Sie sich Ihr eigenes Glücksquadrat auf. Denken Sie an eine Situation, in der es für Sie gut gelaufen ist.

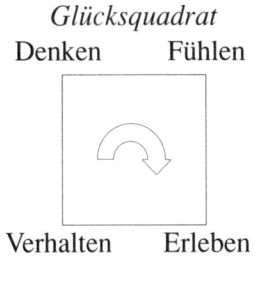

Glücksquadrat
Denken   Fühlen

Verhalten   Erleben

① Was und wie haben Sie zuvor gedacht?

....

....

....

....

② Wie haben Sie sich vor und in dieser Situation gefühlt?

....

....

....

....

③ Wie haben Sie die Situation erlebt, was fiel Ihnen alles auf?

....

....

....

....

④ Wie haben Sie sich und wie haben sich die anderen verhalten?

....

....

....

....

⑤ Welche Erkenntnisse für Ihre Zukunft ziehen Sie daraus?

....

....

....

....

> Nutzen Sie diese oder eine ähnliche schöne Situation, um regelmäßig und bewusst positive Gefühle zu erzeugen.

29-mal Sprache als Selbstmotivation

Wir haben festgestellt, dass wir sowohl durch positive Gedanken als auch durch unsere Wortwahl sehr großen Einfluss auf unsere Stimmung und damit auch auf unser Erleben und Verhalten haben.

Hier finden Sie eine besonders stimulierende und motivierende Sammlung von auf die Person selbst bezogenen Aussagen, die sich mit den besonders interessanten Seiten des Sprechenden und seines Lebens beschäftigen. Es geht um Lebenseinstellungen, Ziele, Werte und Träume. Nehmen Sie sich bitte immer wieder einmal einige Minuten Zeit für diese herrliche Übung zur Selbsterkenntnis. Sie bereichern sich mit positivem Vokabular, stärken Ihr Selbstbewusstsein, Ihr Selbstwertgefühl und damit Ihre gesamte Persönlichkeit. Und gerade die letzten Punkte liefern die beste Voraussetzung, um optimal zu kommunizieren, eine positive Wirkung auf andere Menschen zu erzielen und aus Worten Erfolge zu machen. Genießen Sie jede Minute der Übung. Positive Gefühle durch positive Worte entstehen lassen, lautet die Devise.

Und wann immer Sie vor einer herausfordernden Situation, einem anspruchsvollen Gespräch oder einer schwerwiegenden Entscheidung stehen: Nehmen Sie sich kurz Zeit, und formulieren Sie für sich einige dieser selbstmotivierenden Aussagen. Gleich danach ist Ihr Kopf wieder frei, und Ihre Gedanken sind klar.

> Wann immer Sie Mut, Selbstvertrauen, klare Ziele oder neue Energie brauchen: Nutzen Sie die erfrischende Wirkung: 29-mal Selbstmotivation.

✍ **Übung!**

Bitte ergänzen und beantworten Sie für sich die nun folgenden Aussagen, und sprechen Sie sich diese laut vor.

① Mich motiviert besonders, wenn ....

② Ein (Mein) Lächeln wirkt auf mich ....

③ Einzigartig an mir ist, ...

④ Ich lobe mich und andere gerne, weil ....

⑤ Mein Selbstbewusstsein schöpfe ich aus ....

⑥ Meine größte bisherige Leistung ist ....

⑦ Verantwortung macht mir Spaß, weil ....

⑧ Ich bin eine besondere Persönlichkeit, weil ....

⑨ Mein größtes Ziel im Leben ist ....

⑩ Besonders gerne denke ich an ....

⑪ Positives Denken gibt mir ....

⑫ Die drei wichtigsten Personen in meinem Leben

   sind ....

⑬ Mich begeistert .... ganz besonders.

⑭ Zuletzt habe ich .... für ....gelobt.

⑮ Sehr stolz bin ich auf ....

⑯ Ruhe und Energie schöpfe ich aus ....

⑰ Ich rede gerne mit anderen Menschen, weil ....

⑱ Mich interessieren andere Standpunkte, weil ....

⑲ Besonders gut kann ich ....

⑳ Ich liebe neue Erfahrungen, weil ....

㉑ Meine Freunde schätzen an mir ....

㉒ Entscheidungen fälle ich am besten ....

㉓ Meine Lebensfreude gewinne ich aus ....

㉔ Eine positive Erwartungshaltung ist für mich ....

㉕ Erfolg im Leben heißt für mich ....

㉖ Meine Prioritäten im Leben sind ....

㉗ Ich wirke auf Menschen positiv, weil ....

㉘ Ich spreche gerne positiv, weil ....

㉙ Es macht mir Spaß, ...

Sprache und Wirkung

Wovon unsere Wirkung abhängt

In diesem Buch »So reden Sie sich an die Spitze« geht es um Ihre Sprache und wie Sie diese als Erfolgsinstrument für sich einsetzen – um nichts anderes. Klare Ziele.

> Die Wirkung Ihrer Sprache hängt immer vom Inhalt ab, d. h. von dem, »was« Sie sagen, sowie von der Art und Weise, »wie« Sie dabei mit anderen sprechen.

Beim Sprechen geht es immer um die reine Wortwahl einerseits und andererseits um die Art und Weise, wie gesprochen wird. Wenn wir mit anderen Menschen kommunizieren, dann hängt die Wirkung unserer Worte somit von zwei Aspekten ab: Zum einen natürlich von den Inhalten und von unserer Wortwahl. Nur wenn wir den Gegenüber für ein bestimmtes Gesprächsthema wirklich interessieren können, ist er auch zu einer konstruktiven und für uns hilfreichen Reaktion motivierbar. Je eindeutiger wir dabei formulieren und je mehr wir uns dem Gegenüber in seinem Niveau angleichen, desto besser wird das Gespräch auch verlaufen. Das Was ist also durchaus wichtig.

Noch viel entscheidender ist der zweite Aspekt unserer Sprache. Das Wie, also die Art und Weise, in der wir sprechen, gibt den größten Ausschlag für den Erfolg. Hier entscheidet Ihre Ausstrahlung, Ihre Wirkung auf den Zuhörer, wie gut die Kommunikation gelingt. Erst durch das Wie Ihrer Sprache verleihen Sie Ihren Worten, Ihren Argumenten, Ihren Absichten und Zielen auch eine angemessene Bedeutung. Sie verschaffen sich Gehör, Sie erzeugen einen bleibenden Eindruck, und Sie machen deutlich, wie wichtig Ihnen das Thema ist. Die Eindringlichkeit, mit der Ihre Ziele beim Zuhörer ankommen, hängt daher immer sehr stark ab von der Art und Weise, wie Sie sprechen. Daher liegt hier für die meisten Menschen das größte Erfolgspotenzial. Schauen wir uns dazu einmal ein paar Zahlen an, die Sie in ihrer Eindeutigkeit vielleicht erschrecken oder zumindest erstaunen werden.

Der Erfolg in der Kommunikation hängt ab im persönlichen Gespräch:
* zu 55 Prozent von der Körpersprache,
* zu 38 Prozent von der Art und Weise, wie Sie sprechen,
* zu 7 Prozent vom Inhalt, das heißt, was Sie sagen, ab.

Beim Telefonat sind es:
* 88 Prozent von der Art und Weise, wie Sie sprechen,
* 12 Prozent vom Inhalt, d. h., was Sie sagen.

Wie reagieren Sie auf diese Zahlen? Ist es nicht erschreckend zu sehen, dass nur sieben bis zwölf Prozent unserer Wirkung im Gespräch vom Inhalt, unserem Fachwissen und unseren Worten abhängen? Und haben wir bei unserer Vorbereitung auf einen wichtigen Termin nicht immer wieder gerade darauf die meiste Energie und Zeit konzentriert? Egal, ab heute kennen Sie diese Zahlen und wissen in Zukunft, wovon Ihr Erfolg abhängt.
Bitte gehen Sie aber mit diesen Zahlen vorsichtig um. Es handelt sich um einen statistischen Durchschnitt. Denn z. B. bei einer wissenschaftlichen Präsentation vor Fachpublikum ist der Inhalt sicher von größerer Bedeutung als in einer emotional geführten Auseinandersetzung. Schauen wir uns diese Tatsache etwas genauer an, damit wir auch die gegenseitigen Beeinflussungswahrscheinlichkeiten der Erfolgsfaktoren kennen lernen. Kommen wir zunächst zur Bedeutung unserer Körpersprache.

Was Körpersprache bedeutet

Im persönlichen Gespräch ist Ihre Körpersprache das allerwichtigste Instrument. Ihr körpersprachliches Verhalten läuft zumeist unbewusst ab, und es ist auch nicht einfach, dieses bewusst zu steuern. Sie ist die älteste und natürlichste Sprache der Menschen und diente wohl ursprünglich sogar einmal der gegenseitigen Verständigung. Ihre Körpersprache erfolgt also instinktiv und zeigt daher ganz deutlich und ungefiltert Ihr Befinden, Ihre Gefühle, Ihre Gedanken und Ihre Einstellung zum Gegenüber. Auch wenn wir die Sprache unseres Körpers nicht bewusst einsetzen und steuern, so versteht sie doch jeder Mensch. Dabei handelt es sich immer um ein Gesamtbild aus dem Wechselspiel von dem Ausdruck, den Sie ausstrahlen, und dem Eindruck, den Sie bei Ihrem Gegenüber hinterlassen. Wenn unsere Körpersprache aber eine sehr natürliche, ja unbewusst entstandene Sprache ist, warum gibt es dann diesen Unterschied zwischen unserem Ausdruck und dem erzeugten Eindruck? Wieso können selbst auf dieser Ebene Missverständnisse und persönliche Abneigungen entstehen?

> Als Persönlichkeit überzeugen kann man nur dann, wenn Sprache und Körpersprache harmonieren.

Dies hat mehrere Gründe. Zum einen liegt es daran, dass, wenn die Kommunikation nicht funktioniert, Worte und Absichten nicht zur körpersprachlichen Aussage passen. Es fehlt dann die so genannte Kongruenz. Sagt jemand nicht die Wahrheit, will er Sie mit falschen Argumenten ködern, oder ist er sich selbst seiner Sache nicht sicher, dann verrät er dies durch Signale seiner Körpersprache, und Sie spüren es genau.

Im Gegensatz zur Körpersprache haben wir auf unsere Sprache einen großen Einfluss und können sie daher auch sehr leicht manipulieren, um ein bestimmtes Ziel zu erreichen.

Sie kennen die Redner, die Sie bei der Begrüßung sehr herzlich willkommen heißen, einen spannenden Vortrag versprechen und

Ihnen doch sofort ein unangenehmes Gefühl vermitteln. Sie spüren genau, ob die Aussage des Redners stimmt, dass er sich freut, vor Ihnen sprechen zu dürfen.

Oder denken Sie einmal an den Verkäufer, der ein Loblied auf sein Produkt anstimmt und Ihnen durch seine Körpersprache gleichzeitig deutlich signalisiert, dass er selbst entweder vom Produkt oder vom Preis nicht überzeugt ist. Wenn ein Mensch lügt, sehen Sie ihm das an seiner Körpersprache an.

Kommen wir zum nächsten Grund, der erklärt, warum wir durch unsere Körpersprache auch ungewollt einen falschen Eindruck erzeugen können. Wichtig für uns ist es zu wissen, dass wir auch, was unsere Körpersprache angeht, durch unser Elternhaus, die Erziehung, die Ausbildung und sehr einschneidende Erlebnisse geprägt sind. Denken Sie nur einmal an Kinder aus wohlhabendem Haus, die zu einer übertrieben strengen Etikette erzogen werden und eine Eliteausbildung durchlaufen. Diesen Menschen wird schon in ihrer Kindheit und Jugend die natürliche und ehrliche körpersprachliche Ausstrahlung abtrainiert. Sie werden beispielsweise dazu erzogen, Menschen nicht anzustarren, keine Gefühle zu zeigen und sich auch insgesamt eher zurückhaltend darzustellen. Selbst wenn sich diese Menschen eines Tages vom Elternhaus lösen, unabhängig werden und eigenständige Ansichten entwickeln, zeigt sich dies zumeist nur in der sprachlichen Veränderung. Ihre Körpersprache bleibt. Und so kommt es, dass diese Menschen, wenn sie dann z. B. mit ihren Worten von einer Sache begeistern, Sie zum Mitmachen motivieren wollen, letztendlich doch nicht überzeugen. Durch die anerzogene, unangemessen zurückhaltende Körpersprache vermitteln sie Ihnen unbewusst einen völlig falschen Eindruck und machen die Wirkung ihrer gut gemeinten Worte zunichte. Dies ist sehr schade, und es hemmt sie leider oft in ihrer persönlichen Entwicklung.

Ein weiterer wichtiger Punkt für den persönlichen Gesamteindruck ist die Angemessenheit und die Intensität Ihrer Körpersprache. Wir haben über die Bedeutung des Angleichens an das Gegenüber gesprochen. Eine zu große Ungleichheit der Dialogpartner kann ungewollt große Abneigung erzeugen.

Achten Sie daher bitte zukünftig noch mehr darauf, wer vor Ihnen steht. Beobachten Sie genau! Haben Sie es mit einer eher zurückhaltenden Person zu tun, dann nehmen auch Sie sich ein wenig zurück. Sprechen Sie mit einem dynamisch wirkenden Typ, dann können auch Sie Ihren Gefühlen und Ihrem körperlichen Ausdruck gerne freien Lauf lassen.

Nun haben wir ausführlich darüber gesprochen, wie groß die Bedeutung der Körpersprache ist – für den Gesamteindruck, den wir erzeugen und somit den Erfolg in der Kommunikation, den wir erreichen. Was gehört nun alles zur Körpersprache?

> **Die Körpersprache beinhaltet folgende Komponenten:**
>
> - Mimik,
> - Gestik,
> - Blickkontakt,
> - Haltung,
> - Dynamik,
> - Intensität.

Ihnen hier die einzelnen Facetten der Körpersprache detailliert erklären zu wollen, würde den Rahmen dieses Buches sprengen. Es ist einfach ein viel zu umfassendes Gebiet, um es kurz abzuhandeln. Bitte beachten Sie dazu die Hinweise im Literaturverzeichnis. Wir werden uns hier auf die vier wesentlichsten Merkmale beschränken und sie im Überblick betrachten.

Die *Mimik* ist nichts anderes als Ihr Gesichtsausdruck. Wirkt Ihr Gesicht entspannt oder ziehen Sie gerade die Stirn in Falten? Schauen Sie neutral, oder ziehen Sie Ihre Augenbrauen hoch? Lächeln Sie, oder machen Sie ein ernstes Gesicht?

> Unsere Mimik ist ein Spiegel unserer Gefühle.
> Sie zeigt und sorgt für Sympathie und Abneigung.

Ihre *Gestik* wird bestimmt durch die Art und Weise, in der Sie Ihren Körper bewegen. Liegen Ihre Arme ruhig im Schoß oder weisen Sie damit gerade unterstützend auf etwas hin, zeigen Sie nur Ihre Handrücken oder die Innenflächen, trommeln Sie mit Ihren Fingern nervös auf die Tischkante, oder liegen diese entspannt auf dem Tisch?

> Ihre Gestik bringt es an den Tag: Hören Sie nur passiv zu, oder nehmen Sie sehr aktiv am Geschehen teil?

Der *Blickkontakt* ist der kürzeste Weg zum Gesprächspartner. Er signalisiert Offenheit, Ehrlichkeit und Vertrauen. Wenn Sie Ihrem Gegenüber immer wieder einmal in die Augen schauen, dann drücken Sie Ihre Kontaktfähigkeit und Ihre Entschlossenheit aus. Sie unterstützen die Bedeutung und Botschaft Ihrer Worte. Wenn Sie z. B. nach einer wichtigen Aussage oder auch Frage gezielt Blickkontakt aufnehmen, dann zeigen Sie, dass Sie hinter Ihrer Aussage stehen und dass die Frage für Sie wichtig ist. Bei der Begrüßung können Sie bereits aus der Entfernung heraus Blickkontakt aufnehmen, noch lange, bevor der Handschlag erfolgt. Sie knüpfen schon erste Bande der Sympathie, obwohl noch kein Wort gesprochen wurde. Umgekehrt erkennen Sie Menschen, die nicht die Wahrheit erzählen oder unsicher sind, daran, dass sie Ihnen nicht in die Augen schauen.

> Ein fester, aber höflicher Blickkontakt zeigt Ihrem Gegenüber, dass Sie eine starke und glaubwürdige Persönlichkeit sind.

Mit *Haltung* ist die Haltung Ihres ganzen Körpers gemeint. Welche Sitzposition nehmen Sie ein? Wie stehen Sie vor Ihren Zuhörern, wie ist Ihre Kopf- und Ihre Schulterhaltung? Sind Sie entspannt, dann werden Sie auf Ihrem Stuhl eher locker angelehnt sitzen. Sind Sie aber angespannt, z. B. in einem Bewerbungsgespräch, dann sitzen Sie sicher in steifer, aufrechter Haltung.

Sind Sie neugierig darauf, was Ihnen der Gesprächspartner als nächstes erzählen oder zeigen wird, dann sitzen Sie manchmal sogar leicht nach vorne gebeugt. Ebenso signalisiert eine aufrechte Haltung im Stehen Offenheit, Sicherheit und Entschlossenheit. Demgegenüber können nach oben gezogene Schultern Ihre Anspannung, hängende Schultern Ihre Resignation und eine nach unten gesenkte Kopfhaltung Ihre Verschlossenheit bzw. Unsicherheit bekunden. Und unsere Haltung ist sehr wichtig, weil sie einen großen Einfluss auf unsere Atmung hat und somit auch auf unser Wohlbefinden, unseren Kreislauf und – nicht zuletzt – auch auf unsere Stimme.

> Unsere Körperhaltung zeigt auch unsere geistige Haltung und hat großen Einfluss auf Atmung, Stimme und Aussprache.

Ihre *Stimme* klingt ganz unterschiedlich – je nachdem, ob Sie liegen, sitzen oder stehen. Sie konnten dies bereits in einem früheren Kapitel anhand einer Übung selbst ausprobieren. Beim Stehen kommt es noch darauf an, ob Ihre Kopfhaltung aufwärts oder abwärts gerichtet ist und ob Sie aufrecht oder eher in sich zusammengesunken dastehen. Deshalb: Geben Sie Ihrer Atmung und Ihren Stimmorganen mehr Raum zur freien Entfaltung. Ihre Stimme wird voller, klingt viel kräftiger, und Ihre Aussprache wird automatisch deutlicher.

Das »Wie« als Erfolgsfaktor

Unsere Körpersprache ist also der wichtigste Erfolgsfaktor, wenn es um die Wirkung auf andere Menschen geht. Im persönlichen Gespräch wird dies direkt sichtbar, am Telefon kommt es nur indirekt über die Art und Weise, wie wir sprechen, zum Ausdruck. Wichtig ist hier den direkten Zusammenhang dieser beiden Größen zu erkennen: Ohne eine angemessene Körpersprache können wir einfach nicht überzeugen. Doch während wir diese nur sehr begrenzt steuern können – und unsere Kenntnisse darüber überwiegend zur Beobachtung und richtigen Einschätzung anderer nutzen –, haben wir auf das Wie unseres Sprechens, den zweitgrößten Erfolgsfaktor, durchaus großen Einfluss. Wenn wir erst einmal wissen, wie wir sprechen, dann können wir im zweiten Schritt daran gehen, einzelne Komponenten zu optimieren. Wir sollten die volle Wirkung unserer Worte – die im persönlichen Gespräch bis zu 38 Prozent, am Telefon zusammen mit der Körpersprache sogar bis zu 88 Prozent ausmacht – erfolgreich nutzen.

Mit Ihrer Art zu sprechen ist es wie mit der Geldanlage. Sie können Ihr Geld einmal anlegen und für immer in dieser Anlageform belassen, oder Sie schauen sich regelmäßig auf dem Markt um, wo Ihr Kapital die größte Rendite erzielt, und Sie legen es entsprechend an. Mit Ihrer Sprache ist es dasselbe. Sie können Ihre Art zu sprechen jederzeit verbessern, um Ihre Wirkung zu erhöhen. Das Einzige, was Sie dafür investieren müssen, ist etwas Zeit und Geduld. Die Zinsen, die Sie dafür erhalten, sind allerdings hoch.

Die Ausdrucksmittel unserer Sprache sind:

- Sprachmelodie,
- Sprechtempo,
- Aussprache,
- Lautstärke,
- Betonung,
- Stimmlage,
- Sprechpausen,
- Satzlängen.

Die *Sprachmelodie* entscheidet über die Dynamik und die Lebendigkeit Ihrer Kommunikation. Sie ist die Art und Weise, in der Sie Ihre Stimme anheben und absenken, also ob Sie mal in einer höheren und dann wieder in einer tieferen Tonlage sprechen. Hier sorgt nur Abwechslung für die gewünschte Wirkung, ein zu langes Verbleiben in derselben Stimmlage erzeugt Monotonie.

> Die Sprachmelodie macht Ihre Worte lebendig.

Das *Sprechtempo* bezeichnet die Geschwindigkeit, mit der Sie Ihre Worte aussprechen. Hier gilt es ein Tempo zu finden, das dem Zuhörer angemessen ist. Denn sprechen Sie zu schnell, dann übermitteln Sie Ihre Inhalte in zu kurzer Zeit, und es wird den Zuhörern schwerfallen, Ihren Worten zu folgen. Auch drücken Sie dadurch Unsicherheit, Inkompetenz und Unlust aus. Weiter droht die Gefahr, dass Ihre Aussprache darunter leidet und undeutlich wird. Ein zu langsames Tempo hingegen wirkt einschläfernd. In beiden Fällen verlieren Sie die Aufmerksamkeit der Zuhörer. Dies können Sie vermeiden, wenn Sie auf solche Reaktionen achten und sofort darauf eingehen.

> Passen Sie Ihr Sprechtempo den Zuhörern an.

Eine deutliche *Aussprache* bewirkt, dass man Sie gut verstehen und Ihren Ausführungen folgen kann. Achten Sie darauf, nicht zu schnell zu reden, öffnen Sie Ihren Mund, und sprechen Sie besonders die Endsilben deutlich aus. Sonst wird z. B. aus »Guten Morgen« nur noch ein »Gutn Morgn«. Auch die Aussprache hat einen großen Einfluss auf die Aufmerksamkeit, die Sie wecken können. Ihr Wort ist nichts wert, wenn es nicht richtig verstanden wird.

> Eine deutliche Aussprache sorgt für Eindeutigkeit.

Ihre *Lautstärke* sollten Sie immer den Bedürfnissen Ihres Gegenübers oder der Situation anpassen – bei einem Vortrag etwa ist die Raumgröße entscheidend. Fragen Sie ruhig, ob Sie auch in der letzten Reihe noch gut zu verstehen sind. Die Lautstärke hat jedoch noch eine andere Bedeutung, als nur die der Verständlichkeit. Denn reden Sie zu laut, dann wirken Sie arrogant bis dominant, sprechen Sie zu leise, dann hat man unter Umständen den Eindruck, Sie seien unsicher und ängstlich.

Die Lautstärke können Sie übrigens auch ganz gezielt einsetzen, um eine spezielle Wirkung zu erreichen. So kann Ihr Leiserwerden beim anderen eine erhöhte Aufmerksamkeit und bei Vorträgen eventuell für die Beendigung störender Unterhaltungen sorgen.

> Passen Sie Ihre Lautstärke der Situation an.

Betonungen sind das Salz in der Suppe. Sie machen das Gesagte interessanter und verständlicher. Indem Sie eine Betonung auf einzelne Wörter, nämlich die Schlüsselwörter Ihres Satzes legen, heben Sie diese aus dem Fluss Ihrer Sprache hervor und verleihen ihnen damit eine ganz besondere Bedeutung. Betonungen machen Ihre Absichten und Ziele deutlich. Sie sind ein hervorragendes Mittel, um die Aufmerksamkeit Ihrer Zuhörer zu gewinnen, zu erhalten und in die gewünschte Richtung zu lenken. Wichtiges wird von Unwichtigem getrennt. Machen wir dazu ein Beispiel.

Beispiel!
Wir nehmen den Satz: »Betonungen sind das Salz in der Suppe!«
Was ist wohl das wichtigste Wort in diesem Satz? Natürlich der Begriff »Betonungen«. Sie sollten es also besonders deutlich und etwas langsamer, gedehnter aussprechen. Der Schwerpunkt liegt bei diesem Wort auf dem »o«.

> Betonungen machen Schlüsselwörter deutlich.

Ihre *Stimmlage* zeigt an, ob Sie hoch oder tief sprechen.
Wenn Sie z.B. ärgerlich oder wütend sind, kann es sein, dass Sie Ihre Stimmlage anheben. Wenn Sie innerlich ruhig sind oder

auch beruhigend auf andere wirken wollen, senken Sie Ihre Stimme manchmal automatisch ein wenig ab. Bei der Wahl Ihrer Stimmlage sollten Sie darauf achten, dass Ihre Stimme nicht zu schrill klingt und dadurch anderen Nervosität signalisiert oder gar aggressiv wirkt.

> Mit Stimmlage bezeichnet man die Höhe Ihrer Stimme.

Sprechpausen sind neben den Betonungen ein ganz besonders wichtiges sprachliches Hilfs- und Stilmittel. Wenn Sie beim Reden regelmäßig kurze Pausen einlegen, gewinnen Sie selbst und Ihre Zuhörer gleich mehrere wesentliche Vorteile:

• Sie selbst haben Zeit zum Durchatmen.
• Sie haben Zeit, Reaktionen wahrzunehmen.
• Sie können Ihre Gedanken ordnen.
• Sie können sich die nächsten Worte zurechtlegen.
• Der Zuhörer hat Zeit, das Gesagte auf sich wirken zu lassen und eventuell auch mitzuschreiben.

Und: Sie verleihen Ihrer Aussage noch viel mehr Gewicht. Dazu bieten sich zwei Versionen der gezielten Sprechpause an.

Bei der so genannten Spannungspause machen Sie die Pause direkt vor einem inhaltlichen Highlight. Sie halten z. B. vor einer wichtigen Zahl inne und sprechen diese dann ganz besonders betont aus. Durch diese Pause bauen Sie ganz gezielt Neugier, Spannung und stark erhöhte Aufmerksamkeit auf. So wird Ihre Botschaft besonders intensiv registriert.

Beispiel!
»Der Umsatz beträgt dieses Jahr – *Pause* – 5 Millionen DM.«

> Spannungspausen erhöhen die Aufmerksamkeit.

Ihre *Wirkungspausen* hingegen sollten Sie immer nach einer besonderen Aussage vorsehen. Sie steigern dadurch deren

Bedeutung und geben Ihren Zuhörern genug Zeit, dies auch zu erkennen.

Beispiel!
»Seit diesem Jahr sind wir Marktführer« – *Pause* –.

> Wirkungspausen verleihen Ihren Worten mehr Gewicht.

Auch für die *Satzlängen* gilt, was wir bereits für die Sprechpausen besprochen haben: Wenn Sie stets darauf achten, möglichst kurze Sätze zu machen, dann fällt es Ihren Zuhörer auch leicht, Ihren Worten zu folgen. Als Faustregel gilt:

• Sätze mit bis 10 Wörtern sind leicht verständlich, solche mit
• bis 16 Wörtern sind verständlich,
• bis 22 Wörtern noch verständlich,
• mehr als 22 Wörtern nicht mehr verständlich.

Sie selbst verstricken sich bei langen Sätzen nur in komplizierte Verschachtelungen, die Ihnen ein Höchstmaß an Konzentration abverlangen und auch für alle anderen sehr ermüdend sind. Außerdem haben Sie bei der Verwendung kurzer Sätze viel Zeit zum Ein- und Ausatmen. Sie bleiben in einem gesunden Atemrhythmus, der für dauerhaftes Wohlbefinden sorgt.

> Kurze Sätze schonen Sie selbst und die Zuhörer.

Auch der Inhalt zählt

Nachdem wir die Körpersprache und die Art und Weise des Sprechens als die beiden wichtigsten Erfolgsfaktoren der Kommunikation herausgefiltert haben, kommen wir nun zum Inhalt. Natürlich ist das, was wir sagen, wichtig. Ohne eine inhaltlich klare Botschaft ist Ihre Sprache ziel- und wirkungslos. Ohne sie können Sie auf Dauer niemanden motivieren, Sie machen keine überzeugende Aussage und wirken sehr schnell inkompetent. Menschen, die nur durch ihre dynamische Körpersprache und eine nette Art und Weise glänzen, wirken auf andere oberflächlich. Es geht ihnen um reine Selbstdarstellung, sie rücken ihre Person in den Vordergrund und bieten im Gespräch keinerlei Nutzen.

Körpersprache und die Art Ihrer Kommunikation sind dazu da, um Ihre Worte zu unterstützen, Ihre Argumente besser rüberzubringen und Sympathien zu wecken. Gerade die Weise, wie Sie mit anderen Menschen sprechen, ist niemals reiner Selbstzweck. Das Wie ist die angenehme, schöne Verpackung einer Sache, sozusagen die Garnierung eines festlichen Gerichts. Ist der Teller jedoch noch so schön arrangiert, letztendlich zählt für Sie auch, wie es Ihnen schmeckt. Und ebenso ein Geschenk, das nur aus einer attraktiven Verpackung besteht, wird Ihnen nicht gefallen. Das heißt, das Wie Ihrer Sprache entfaltet erst dann seine besondere Wirkung, wenn die Basis stimmt, und Sie deshalb reden, weil Sie auch inhaltlich etwas zu bieten haben. Erst wenn alle drei Erfolgsfaktoren zusammenwirken, Ihre Körpersprache, das Wie und das Was harmonisch zusammenspielen, erzielen Sie auch die gewünschte Wirkung und hinterlassen einen bleibenden positiven Eindruck.

> Der Inhalt (»Was«) ist die Basis jeder Kommunikation. Das »Wie« ist das verstärkende Wirkmittel.

Wortwörtliche Bedeutungen

Haben Sie sich schon einmal überlegt, welche ursprüngliche Bedeutung hinter verschiedenen Begriffen steckt, die wir alle immer wieder wie selbstverständlich verwenden? Es geht dabei um die wortwörtliche Sinnerfassung. Schauen wir uns dazu einige typische Beispiele an, damit Sie diese Wörter künftig sehr bewusst und noch gezielter einsetzen können.

Beispiele!

- *An-erkennung:* Das ist das, woran man Sie oder andere erkennt.
- *Be-geisterung:* Sie beleben den Geist anderer Menschen.
- *Ein-fluss:* Sie wollen, dass Ihre Person bzw. Meinung mit einfließt.
- *Ent-täuschung:* Sie haben sich getäuscht und erfahren oder erkennen jetzt die Wahrheit.
- *Ent-wicklung:* Sie bringen das nach außen, was verborgen war.
- *Ent-scheidung:* Heißt, sich für etwas von etwas zu trennen.
- *Er-fahrung:* Sind die Erlebnisse, die Sie selbst erfahren haben.
- *Er-wartung:* Ist eine passive Haltung, die auf etwas wartet.
- *Mit-teilung:* Sie wollen Freude, Leid, Ärger mit anderen teilen.
- *selbst-verständlich:* Heißt, dass Sie es selbst verstanden haben.
- *Stand-punkt:* Ist ein fester Punkt, den Sie verlassen können.
- *Stimmung:* Kommt von sich und seine Stimme stimmen.
- *über-reden:* Über die Wünsche, Meinung anderer hinwegreden.
- *wert-schätzen:* Sie wissen den Wert, die Bedeutung zu schätzen.
- *wert-voll:* Heißt, etwas ist für Sie voll von Wert.
- *nach-denken:* Sie denken, nachdem Sie etwas erfahren haben, um eine Entscheidung zu treffen. Tatsächlich handelt es sich daher meistens um Vordenken.
- *preis-wert:* Wird oft als Ersatzwort für »billig« verwendet und sagt aus, dass das Produkt bzw. die Leistung seinen Preis wert ist.

> Erst wenn Sie die wortwörtlichen Bedeutungen
> kennen, können Sie Wörter optimal verwenden.

Sprache und Ziele

Ihr Ziel bestimmt den Weg

Werden Sie sich Ihrer Gesprächsziele bewusst. Was wollen Sie, wie gehen Sie vor? Warum soll man Ihnen helfen, und wann ist das Ziel erreicht?

Überlegen Sie sich jetzt ein besonders wichtiges Ziel, das Sie schon bald, vielleicht in Ihrem nächsten Gespräch, erreichen wollen. Es könnte sich dabei z. B. um eine erfolgreiche berufliche Verhandlung, die Schlichtung eines privaten Streits oder einen mitreißenden Vortrag handeln. Wichtig ist, dass Sie Ihr Ziel klar definieren und sich genauestens überlegen, was Sie erreichen wollen. Dass Sie wissen, warum und wie Sie es tun wollen, wieso Ihre Gesprächspartner Ihnen dabei helfen sollten, und wie Sie erkennen, wann Ihr Gespräch ein voller Erfolg war, ist entscheidend.

Es geht hier um besonders wichtige (berufliche) Gespräche und Ihre bedeutenden Ziele, nicht um ein lockeres Gespräch in freundschaftlicher Runde. Es wird für Sie bestimmt sehr spannend sein zu erfahren, wie Sie Ihre Zielsetzungen im Vorfeld präzisieren und sich selbst die Fragen stellen können, die im Gespräch möglicherweise auftauchen. Eines werden Sie feststellen: Je klarer Sie Ihre Gedanken geordnet, Ihre Wünsche formuliert und Ihre Vorgehensweise festgelegt haben, desto weniger Fragen, Einwände und Widerstände kommen später auf Sie zu.

Ihr Gesprächsziel bestimmt immer die Strategie. Bereiten Sie Ihre wichtigsten Gespräche gut vor.

✍ **Übung!***

① Definieren bzw. formulieren Sie Ihr nächstes Gesprächsziel!
(Wählen Sie unbedingt eine positive Formulierung, sagen Sie, was Sie ereichen wollen.)

....

....

② Warum haben Sie sich dieses Ziel gesetzt?

....

....

③ Was genau ist Ihnen daran persönlich wichtig?

....

....

④ Welchen Nutzen bietet *Ihnen* dieses Ziel?

....

....

⑤ Welchen Nutzen bietet dieses Ziel *Anderen?*

....

....

---

* Ein Beispiel für einen Zielworkshop finden Sie im Abschnitt »Ergebnisse und Lösungen« im Anhang, Seite 229.

⑥ Was sind Ihre *wichtigsten* Argumente *für* dieses Ziel?

....

....

⑦ Welche Argumente sind untergeordnet *(nur eine Reserve)*?

....

....

⑧ Was ist also letztendlich *der Kern* Ihres Zieles?

....

....

⑨ Was bieten *Sie* bzw. bringen *Sie* dafür ein?

....

....

⑩ Was genau erwarten Sie von anderen?

....

....

⑪ Warum sollten andere Sie unterstützen bzw. Ihnen vertrauen oder für Sie tätig werden und Ihr Produkt kaufen usw.?

....

....

12. Wie begeistern und motivieren Sie Ihre Gesprächspartner?

    ....

    ....

13. Wie wollen Sie im Gespräch überhaupt vorgehen? Was ist wichtig? *(Einstieg, Darstellung der Argumente, Fazit)*

    ....

    ....

14. Welche konkreten Fragen von den Zuhörern könnten auftreten?

    ....

    ....

15. Wie beantworten Sie diese Fragen?

    ....

    ....

16. Welche sonstigen Reaktionen bzw. Ereignisse erwarten Sie? *(positive, negative, kritische, ablehnende usw.)*

    ....

    ....

17. Wie bereiten Sie sich auf diese Reaktionen vor?

    ....

⑱ Welche kritischen Fragen würden Sie sich selbst stellen?

....

....

⑲ Wie überprüfen Sie bereits *im Gespräch,* ob und wie Ihr Ziel bzw. Ihre Strategie ankommt (*Feedback*)?

....

....

⑳ Wie reagieren Sie auf Schwierigkeiten bzw. Konflikte?

....

....

㉑ Wie sichern Sie sich im Gespräch die ersten Teilerfolge?

....

....

㉒ Welche Mittel setzen Sie in diesem Gespräch ein? (*Schlüsselwörter, Präsentationstechnik, Beispiele, Zahlen usw.*)

....

....

㉓ Woran erkennen Sie, dass Sie Ihr Ziel erreicht haben? *(Ihr eigenes Gefühl, die allgemeine Stimmung, spontane Reaktionen, Fragen am Schluss der Veranstaltung usw.)*

....

....

㉔ Wie reagieren Sie, wenn Sie am Ziel angelangt sind?

....

....

㉕ Was vereinbaren Sie im Anschluss mit Ihren Gesprächspartnern? *(Wie sichern Sie den Erfolg bzw. Ihr Ziel für die Zukunft?)*

....

....

㉖ Fazit: Was ist also letztendlich entscheidend, um an Ihr gewünschtes Ziel zu kommen?

....

....

Mit Sprache optimal präsentieren

Die Sprache der Sinne:
Der wertvolle Zugang zum Gegenüber

> Die Menschen erfassen alle Informationen
> aus der Außenwelt über ihre fünf Sinne.
> Die wichtigsten Sinne sind Sehen, Hören und Fühlen.

Jeder Mensch erfasst seine Umgebung und seine Mitmenschen über seine fünf Sinne: Sehen, Hören, Fühlen, Riechen und Schmecken. Der Unterschied liegt lediglich in der Bevorzugung einzelner Sinne. Denken Sie beispielsweise einmal an den Besuch Ihres letzten Konzerts, Musicals oder Theaterstücks. Wie erinnern Sie sich daran? Es gibt z. B. viele Menschen, die Informationen vorrangig als Bilder, also visuell, in sich aufnehmen, und sich an eine solche Situation dann später auch über das Bild erinnern. Andere nehmen besonders intensiv Geräusche, Stimmen und Musik wahr, sind somit auditiv orientiert. Die dritte Gruppe von Menschen, die Kinästheten, erfasst Stimmungen und Gefühle. Vielleicht können Sie mit diesem Wissen besser verstehen und mehr Toleranz dafür aufbringen, dass Menschen ein und dieselbe Situation manchmal völlig unterschiedlich beschreiben und beurteilen. So wird der visuelle Typ bei der Aufführung eines Dramas besonders auf das Bühnenbild und die Kostümierung achten, der auditive auf einen wohlklingenden Sound und verständliche Stimmen. Für den Kinästheten sind die aufwendigsten Bühnenbilder und die allerschönsten Stimmen uninteressant, wenn er bei diesem Ereignis z. B. einfach nicht bequem genug sitzt.

Die eben erklärten drei Sinnessysteme »Sehen – Hören – Fühlen« sind die wichtigsten und für die Mehrheit der Menschen mit einem bestimmten Schwerpunkt wichtig. Warum erkläre ich Ihnen diese Zusammenhänge, obwohl es hier um Sprache geht?

Die Menschen nehmen alles um sich herum über die fünf
Sinne wahr, und sie verwenden auch eine Sprache, die dies
widerspiegelt. So wird ein visueller Typ fast immer andere
Begriffe verwenden, um sich auszudrücken, als ein auditiver.
Dieser wiederum ganz andere Begriffe wählen als der Kinästhet.

Beispiel!
Führen wir uns ein praktisches Beispiel vor Augen:

Person A fragt: »Was halten Sie von meinem Vorschlag?«

Hier die verschiedenen Antwortvarianten des visuellen (B),
auditiven (C) und des kinästhetischen (D) Typs:

B: »Ich *sehe* alle Maßnahmen *ein*.«
C: »Er *klingt* gut.«
D: »Ich *begreife,* wohin Sie wollen.«

Ein zweites Beispiel!
Nacheinander berichten drei Menschen von einer Aufgabe, die
sich gerade in einer heiklen Phase befindet.

B: »Die *Aussichten* für dieses Projekt sind wirklich *düster*.«
C: »Ich *sage* Ihnen: Das Projekt bringt mich aus dem *Takt*.«
D: »Ich *fühle*, wie *schwer* das Projekt auf mir *lastet*.«

Sicher haben Sie erkannt, wie deutlich diese Menschen den
bevorzugten Sinneskanal in Ihrer Sprache anwenden. Und genau
das ist der Punkt, an dem sich erfolgreiche Kommunikation entscheidet. Denn in der Wahrnehmung der »sinnlichen« Sprache
liegt die Chance zu erkennen, welcher Typ vor uns steht.

Wenn wir also andere Menschen besser verstehen und mit unserer Sprache besonders viel Wirkung erzielen wollen, dann ist es wichtig, dass wir diese Besonderheiten der Wahrnehmung beachten.

> 1. Erkennen Sie den Wahrnehmungstyp Ihres Gegenübers!
> Ist er visuell, auditiv, kinästhetisch?
> 2. Verwenden Sie dessen sinnliches Vokabular!
> d.h. gleichen Sie sich auch dort etwas an.

Hier noch einige Beispiele für eine sinnesspezifische Sprache.

1. Der visuelle Typ benutzt das folgende Vokabular:

- »Ich *sehe*, dass ...«
- »Das ist *offensichtlich* ...«
- »Das ist *klar* ...«
- »Das kann ich mir *vorstellen*, ...«
- »Ich *blicke* da nicht durch, ...«
- »Ich bin der *Ansicht*, ...«
- »Ich möchte darauf *hinweisen*, ...«
- »Ich hätte gerne *Einblick* in ...«

Dieser Mensch sieht die Welt! Er verwendet sehr viele bildhafte Ausdrücke.

2. Der auditive Typ benutzt das folgende Vokabular:

- »Das *klingt* gut, ...«
- »Das *höre* ich gern, ...«
- »Was Sie da *sagen*, ...«
- »Ich meine das *Wort für Wort* ...«
- »Das war doch *unüberhörbar* ...«
- »Dann lassen Sie mal *hören*, ...«
- »Ich möchte Sie darauf *einstimmen*, ...«
- »Im *Einklang* damit ist ...«

Alles Begriffe, die mit Sprache, Klang, Hören zu tun haben.

3. Der kinästhetische Typ benutzt das folgende Vokabular:

- »Das *begreife* ich nicht, …«
- »Das *fühlt* sich gut an, …«
- »Ich *empfinde* das anders, …«
- »*Legen* Sie die Karten auf den Tisch, …«
- »Das hat mich sehr *ergriffen*, …«
- »Das möchte ich *hervorheben*, …«
- »Folgendes möchte ich gerne *aufgreifen* …«
- »Bitte etwas mehr *Fingerspitzengefühl* …«

Dieser Mensch *fühlt* die Welt! Er verwendet gefühlsbetonte, körperliche Begriffe

Jetzt haben Sie einen für Sie äußerst wertvollen Überblick über die Ausrichtung der einzelnen Typen erhalten, den Sie praktisch nutzen sollten. Achten Sie zukünftig sehr bewusst darauf, in welchem Sinnessystem Ihr Gegenüber bevorzugt denkt. Gehen Sie darauf ein, und gleichen Sie sich so gut wie möglich seiner Wortwahl an.

Sie erreichen zwei wertvolle Erfolge!
1. Sie werden sofort viel erfolgreicher kommunizieren.
Sie erfahren anhand der Sprache, wie der andere denkt, sich erinnert, Informationen aufnimmt und Entscheidungen fällt. Die Wahl seiner Wörter zeigt, was ihm an einer bestimmten Sache besonders wichtig ist. Erst, indem Sie dies erkennen, sich seiner Wortwahl angleichen und Ihre Argumente ihm entsprechend mit den passenden Worten präsentieren, erzielen Sie auch den maximalen Erfolg. Sie wirken dann auf ihn verständlich, gehen auf die inneren Motive des anderen ein, machen ihm seine Entscheidung leicht.
Zwei Beispieldialoge werden Ihnen dies sofort verdeutlichen.

Ein Negativbeispiel!
A: »Ja, dann lassen Sie mal *hören*, was es Neues gibt.«
B: »Sie sehen hier unser neuestes Produkt. Es hat eine *sichtbar klare* Linie, ist *offensichtlich* modern gestaltet und bei kurzer *Betrachtung* in der Bedienung leicht *durchschaubar*.«

Fazit: Der visuelle Verkäufer redet am auditiven Kunden vorbei.

Ein Positivbeispiel!
Person A: »Ja, dann lassen Sie mal *hören,* was es Neues gibt.
Person B: »Ich *erzähle* Ihnen jetzt erst einmal das Wichtigste über unser neuestes Produkt. Ich werde es Ihnen mit leicht *verständlichen Worten* beschreiben. Sie werden mir dann sicher *zustimmen,* dass sich die Fakten gut *anhören.*«
Fazit: Der Verkäufer passt seine Worte dem auditiven Kunden an und überzeugt.

2. Sie vermeiden viele Missverständnisse.
Wenn Sie Ihrem visuellen Ehepartner immer nur mit Worten Ihre Liebe ausdrücken, wird er damit auf Dauer nicht glücklich werden. Und wenn Sie die angenehmsten Worte sagen und sich dabei die größte Mühe geben: Es reicht nicht, um ihn zu beeindrucken. Ihr Partner will, dass Sie ihm Ihre Liebe zeigen, z. B. mit einem wunderschönen Blumenstrauß.
Dieselben Blumen bewirken wenig, wenn Sie damit Ihren kinästhetisch ausgerichteten Partner überraschen. Er will Ihre Liebe spüren, z. B. Sie bei einer Umarmung fühlen. Sie erkennen an diesen Beispielen, wie Missverständnisse entstehen können, weil beide Gesprächspartner nicht auf einer Ebene sind. Achten Sie doch gleich heute einmal zu Hause darauf, wie sich Ihr Partner ausdrückt.

> Auf den Wahrnehmungstyp einzugehen heißt:
>
> • sich zu verstehen und verstanden zu werden,
> • den eigenen Argumenten durch die passenden Worte mehr Beachtung bzw. Wirkung zu verleihen,
> • viele Missverständnisse zu vermeiden.

Erkennen Sie den Wahrnehmungstyp?

✍ **Übung!***

Unterstreichen Sie die Schlüsselwörter, die auf den Wahrnehmungstyp schließen lassen. Kreuzen Sie dann Ihre Lösung an.

1. Das habe ich Ihnen gesagt. Aber Sie hören ja nicht zu.
   ❑ visuell   ❑ auditiv   ❑ kinästhetisch
2. Ich begreife nicht, warum Sie das getan haben.
   ❑ visuell   ❑ auditiv   ❑ kinästhetisch
3. Wenn Sie sich das ansehen, werden Sie erkennen …
   ❑ visuell   ❑ auditiv   ❑ kinästhetisch
4. Es ist offensichtlich, dass Sie hier nicht durchblicken.
   ❑ visuell   ❑ auditiv   ❑ kinästhetisch
5. Ich bin der Ansicht, es fehlt die klare Formgebung.
   ❑ visuell   ❑ auditiv   ❑ kinästhetisch
6. Ich finde es unerhört, dass Sie sich von uns lossagen.
   ❑ visuell   ❑ auditiv   ❑ kinästhetisch
7. Ich höre wohl nicht recht: Sie wollen sich aussprechen?
   ❑ visuell   ❑ auditiv   ❑ kinästhetisch
8. Das berührt mich so, dass ich weiche Knie bekomme.
   ❑ visuell   ❑ auditiv   ❑ kinästhetisch
9. Das greife ich auf, denn auch ich habe Wut im Bauch.
   ❑ visuell   ❑ auditiv   ❑ kinästhetisch

Was Ihnen die Augen anderer Menschen verraten

Nun wissen Sie, wie Sie anhand der Sprache erste Rückschlüsse auf den Wahrnehmungstyp Ihres Gegenübers ziehen können. Eine weitere wertvolle Möglichkeit, um Ihre Beobachtungen zu bestätigen, finden Sie in den Augenbewegungen. Achten Sie darauf, wie sich die Augen Ihres Gesprächspartners bewegen, wenn er spricht, nachdenkt oder auf eine Ihrer Fragen antwortet. Sie können daraus wichtige Erkenntnisse fassen und haben die Gele-

---

* Die Lösungen finden Sie im Anhang, Seite 235

genheit, Ihren anhand der Schlüsselwörter ermittelten ersten Eindruck zu überprüfen.

Vorsicht! Das alles sind nur Indizien, keine sicheren Beweise!

> Auch die Augenbewegungen der Menschen liefern Informationen darüber, was sich tief im Inneren abspielt. Aber gehen Sie vorsichtig mit den Erkenntnissen um, die Sie daraus schöpfen!

Fangen wir mit der Erläuterung der drei *Hauptrichtungen* des Blickes an:

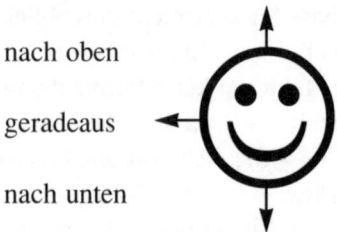

nach oben

geradeaus

nach unten

Die Hauptausrichtungen bedeuten:

- Sein Blick geht nach **oben: visueller** Typ (Der Mensch sieht Bilder).
- Sein Blick geht **geradeaus: auditiver** Typ (Der Mensch hört Worte und Klänge).
- Sein Blick geht nach **unten: kinästhetischer** Typ (Der Mensch reagiert auf Gefühle).

Die Wahrnehmung der Hauptrichtung des Blickes dient zunächst der Einschätzung des bevorzugten Sinneskanals. Die Augenbewegungen unseres Gegenübers liefern uns jedoch noch viele wertvolle Detailinformationen. Nach der Richtung ist zusätzlich sehr entscheidend, auf welche Seite die Augen gerade blicken.

Die *linke Seite:* Erinnerungen und innerer Dialog

Visuelle Erinnerung (oben links)

- Dieser Blick zeigt an, dass sich derjenige an alte, bereits erlebte Bilder erinnert. Er sieht diese so, wie er sie selbst abgespeichert hat.

- Frage: »Wie war Ihr Urlaub?«
- Reaktion: Der visuelle Typ sieht Bilder – z. B. den herrlichen Strand.

Auditive Erinnerung (links außen)

- Die Person erinnert sich an Worte, Klänge, Stimmen, Geräusche oder Musik, die sie in einer bestimmten Situation selbst gehört hat.

- Frage: »Wie war Ihr Urlaub?«
- Reaktion: Der Auditive hört z. B. das Meeresrauschen oder die exotische Musik.

Innerer Dialog (unten links)

- Bei dieser Blickrichtung geht der Mensch einen inneren Dialog ein. Er geht in sich und führt quasi eine Diskussion mit sich selbst.

- Frage: Wie war Ihr Urlaub?
- Reaktion: Der Mensch ist von diesem Urlaub nicht einfach begeistert und wägt innerlich Für und Wider gegeneinander ab.

Die *rechte Seite:* Konstruktionen, Gefühle und Stimmungen

Visuelle Konstruktion (oben rechts)

- Dieser Blick zeigt an, dass der Gesprächspartner gerade Bilder konstruiert, die er selbst so noch nicht gesehen hat.

- Frage: »Wie wird die Hochzeit?«

- Reaktion: Der visuelle Typ entwirft im Geist Bilder, z. B. vom feierlich geschmückten Festsaal.

Auditive Konstruktion (rechts außen)

- Die Person stellt sich Worte, Klänge, Musik, Stimmen oder Geräusche vor, die sie in der Realität noch nicht selbst gehört hat.
- Frage:»Wie wird die Hochzeit?«
- Reaktion: Der auditive Typ konstruiert im Geist z. B. die Rede des Pfarrers bei der Trauung.

Kinästhetische Konstruktion (unten rechts)

- Bei diesem Blick geht der Mensch ganz in seinen Gefühlen, Stimmungen und seinen körperlichen Empfindungen auf.
- Frage:»Wie wird die Hochzeit?«
- Reaktion: Der Kinästhet spürt schon jetzt die beginnenden Nervosität, seine feuchten Hände und die intensiven Gefühle an diesem Tag.

Hinweis!

- Die Augenbewegungen sind aus der Perspektive des Gegenübers zu sehen.
- Diese Angaben beziehen sich auf Rechtshänder.
- Auch die Augenbewegungen sind nur Indizien, keine handfesten Beweise für eine bestimmte Ausrichtung.

Achtung! Bei Linkshändern verhalten sich diese Muster oft spiegelverkehrt.

Kommen wir nun ganz konkret zum praktischen Nutzen der Deutung der Augenbewegungen. Wie profitieren Sie davon, wenn Sie im Gespräch darauf achten? Zunächst sei nochmals deutlich gesagt: Es geht hier um Trends, um Indizien, wie der Gegenüber denkt und was in ihm vorgehen könnte. Diese Aspekte sind immer zusammen mit seiner sinnesspezifischen Wortwahl zu sehen. Nehmen Sie diese Anzeichen nie als Beleg, um ein starres Bild oder gar unverrückbare Vorurteile zu entwickeln, sondern nehmen Sie die Erkenntnisse vielmehr als Anhaltspunkt zur Gestaltung einer besseren und sehr viel persönlicheren Kommunikation. Alle Hinweise sollten Sie dauernd an der Wirklichkeit überprüfen.

Wie Sie von der Deutung der Augenbewegungen profitieren!

1. Stellen Sie anhand der drei Hauptrichtungen fest, ob Ihr Gegenüber visuell, auditiv oder kinästhetisch denkt.
2. Vergleichen Sie dies mit der Wortwahl Ihres Partners.
3. Sprechen Sie möglichst in seiner Sprache.
4. Passen Sie Ihre Fragen und Aussagen dahingehend an.
5. Stimmen Sie Ihre Präsentation darauf ab:
   Der visuelle Typ will Ihr Produkt sehen.
   Der Auditive eine interessante Beschreibung.
   Der Kinästhet will es anfassen und probieren.
6. Wenn Sie tiefer einsteigen wollen:
   Stellen Sie Testfragen zur Seitensymmetrie, z. B.:
   Ist die Seite der Erinnerung links? (»Wie war ...?«)
   Prüfen Sie dann Ihre Aussagen auf ihren Wahrheitsgehalt hin.
   Schwenkt Ihr Gegenüber auf die Erinnerungs- oder auf die Konstruktionsseite über, wenn er mit Ihnen z. B. über ein angeblich günstiges Wettbewerbsangebot spricht?

Typgerecht reden:
So kommen Sie schneller ans Ziel

Menschen reagieren besonders intensiv und positiv, wenn Sie deren bevorzugtes Sinnessystem ansprechen. Sie haben gelernt, wie Sie erkennen, wer welche Orientierung hat, und zwar durch die Wortwahl, also die sinnesspezifische Sprache und über das

Modell der Augenbewegungen. In diesem Kapitel finden Sie weitere hochwirksame Varianten an Fragen und Aussagen, mit denen Sie Ihren Gesprächspartner typengerecht ansprechen und erreichen können. Lesen Sie die Beispiele in Ruhe, und überlegen Sie, welche Sie nutzen wollen.

1. Wie Sie den visuellen Menschen erreichen!

⇒ *Mit Fragen:*

- »Wie *sehen* Sie die aktuelle Situation?«
- »Können Sie sich *vorstellen*, den Auftrag heute zu vergeben?«
- »Wie *klar* sind Ihnen die Vorteile unserer Idee?«
- »*Sehen* Sie das Argument nun aus einer anderen *Perspektive*?«
- »Sie wollen bestimmt erst einmal eine *Übersicht*?«
- »Darf ich Ihnen *zeigen*, worauf meine Überlegung *abzielt*?«
- »Wollen Sie sich die wichtigsten Zahlen einmal *ansehen*?«

⇒ *Mit Aussagen:*

- »Die *sichtbaren* Vorteile unseres Angebotes sind ...«
- »Ich teile Ihre *Ansicht,* dass wir das mit einbeziehen sollten.«
- »Sie werden den vollen *Einblick* über die Details erhalten ...«
- »Mit diesem Produkt haben Sie die besten *Aussichten*, um ...«
- »Sie werden selbst *erkennen*, welche Vorteile Sie gewinnen.«
- »Sie können sich gleich Ihr eigenes *Bild* von ... machen.«
- »Lassen Sie uns gemeinsam ein *klares Zielbild* entwickeln.«

> Erzeugen Sie im visuellen Mensch schöne Bilder.

2. Wie Sie den auditiven Menschen erreichen!

⇒ *Mit Fragen:*

- »Was *sagen* Sie zur aktuellen Situation?«
- »Darf ich Ihnen *vorschlagen*, den Auftrag heute zu vergeben?«
- »Wie gut *klingen* für Sie die Vorteile unserer Idee?«
- »*Hört* sich das Argument für Sie nun besser an?«
- »Sie wollen bestimmt erst einmal gut *informiert* werden?«

- »Darf ich Ihnen *erzählen*, worin meine Überlegung besteht?«
- »Wollen Sie sich die wichtigsten Zahlen einmal *anhören*?«
- »Darf ich Sie heute beim *Wort* nehmen?«
- »Haben Sie schon einmal von uns *gehört*?«
- »Darf ich Sie fragen, was Ihnen ihre *innere Stimme* rät?«

⇒ *Mit Aussagen:*

- »Diese Vorteile unseres Angebotes werden Sie *gutheißen*.«
- »Ich *stimme* Ihnen zu, dass wir das besprechen sollten.«
- »Sie werden alle *Informationen* über die Details erhalten.«
- »Dieses Produkt liefert Ihnen die besten *Argumente*, um ...«
- »Ihre innere *Stimme* wird Ihnen *sagen*, was Sie davon haben.«
- »Sie können sich gleich selbst über ... *informieren*.«
- »Lassen Sie uns auf ein gemeinsames Ziel *einstimmen*.«
- »Lassen Sie uns die Punkte *Wort für Wort durchsprechen*.«
- »Ich möchte unser ... mit Ihren Zielen in *Einklang* bringen.«
- »Wenn Sie mir heute Ihr *Jawort* geben, dann kann ich ...«

> Machen Sie Ihre Argumente und Fragen für auditive Menschen hörbar. Diese reagieren sehr stark auf eine deutliche, wohlklingende Stimme!

3. Wie Sie den kinästhetischen Menschen erreichen!

⇒ *Mit Fragen:*

- »Wie *fühlen* Sie sich in der aktuellen Situation?«
- »Darf ich *anregen*, den Auftrag heute zu vergeben?«
- »Wie *empfinden* Sie die Vorteile unserer Idee?«
- »Können Sie das Argument nun besser *nachvollziehen*?«
- »Sie wollen bestimmt erst einmal *begreifen*, worum es geht.«
- »Darf ich Ihnen meine Überlegung *näher bringen*?«
- »Wollen Sie, dass ich die Zahlen *auf den Tisch lege*?«
- »Wie *konkret* meinen Sie das?«
- »Sind Sie schon einmal *näher* mit uns in Kontakt *getreten*?«
- »Darf ich Sie fragen, was Ihnen Ihr *Gefühl* rät?«

⇒ *Mit Aussagen:*

- »Die *spürbaren* Vorteile unseres Angebotes sind …«
- »Ich teile Ihr *Gefühl*, dass wir das mit einbeziehen sollten.«
- »Ich werde Ihnen die einzelnen Details gerne *näher bringen*.«
- »Mit diesem Produkt erzielen Sie *handfeste* Vorteile.«
- »Sie werden bald *begreifen*, welche Vorteile Sie gewinnen.«
- »Es liegt in Ihrer *Hand*, sich Ihr eigenes Bild von … zu machen.«
- »Lassen Sie uns gemeinsam *konkret erfassbare* Ziele setzen.«

> Machen Sie Ihre Argumente und Fragen für Kinästheten fühlbar, spürbar und begreifbar. Diese Menschen wollen anfassen, ausprobieren und lieben eine lockere Atmosphäre!

Wie Sie typgerecht präsentieren

Wie haben Sie Ihre Präsentationen und Verkaufsgespräche bisher gestaltet? Wahrscheinlich haben Sie Ihre Argumente, Produkte oder Ihre Leistung in den Worten beschrieben, die Ihnen geeignet erschienen. Das bedeutet, je nachdem, welcher Sinnestyp Sie selbst sind, so fiel auch Ihre Wortwahl und die Form Ihrer Präsentation aus. Wenn Sie viel Glück hatten, dann passte Ihr Gesprächspartner zufällig zu Ihren Vorlieben. In den meisten Fällen jedoch werden Sie Ihr Gegenüber zumindest nicht optimal erreicht haben. Vielleicht haben Sie sogar an ihm vorbeigeredet. Das waren übrigens die Gespräche, in denen Sie sich große Mühe gegeben haben und doch nicht zum Erfolg gekommen sind.
Jetzt jedoch sind Sie in der Lage, Ihre neuen Kenntnisse über die sinnesspezifische Sprache und die Augenbewegungen anderer Menschen anzuwenden, um Ihre Präsentationen oder Verkaufsgespräche noch viel effektiver und wirkungsvoller zu gestalten.
Denn Ihre Worte und Handlungen sollten immer optimal auf Ihren Gesprächspartner abgestimmt sein und nicht dem Zufall

überlassen bleiben, wie bisher. Sie wissen, dass Menschen immer dann besonders intensiv und positiv reagieren, wenn Sie deren Sprache benutzen, um ihren bevorzugten Sinneskanal anzusprechen. Und: Bei Einzelpersonen wird Ihnen dies mit ein wenig Übung sicher sehr gut gelingen. Aber: In der Praxis haben Sie allerdings oft eine ganze Gruppe von Menschen vor sich. Was ist dann zu tun? Nun, am einfachsten sollten Sie in dem Fall eine Mischung aus visuellen, auditiven und kinästhetischen Begriffen wählen. Damit liegen Sie richtig und erzielen mit Sicherheit eine hohe Trefferquote.

> Wenn Sie vor Gruppen präsentieren oder verkaufen, dann verwenden Sie stets eine Mischung aus visuellen, auditiven und kinästhetischen Begriffen.

Machen wir auch dazu gleich wieder ein praktisches Beispiel: Sie präsentieren Ihr Produkt vor einer Gruppe von Menschen.

Beispiel!
Person A: »Ich *zeige* Ihnen heute unser neues Produkt. Sie *sehen*, dass wir uns viel Mühe gegeben haben. Es hat eine *klare* Linie und bringt Ihnen gute *Aussichten* auf *deutlich* mehr Erfolg.«

Person B: »Sie *sehen* heute unser neues Produkt. *Nehmen* Sie es ruhig einmal in die Hand. Ich *erzähle* Ihnen dabei, wie Sie *argumentieren* können, um die *Erfolgsaussichten* zu erhöhen.«

Im ersten Fall sprechen Sie nur in Ihrem eigenen Sinnessystem, z. B. visuell. So erreichen Sie auch überwiegend visuell orientierte Menschen optimal. Die übrigen können Sie leider damit nicht erreichen. Sie werden diese Menschen nicht überzeugen, vielleicht sogar langweilen. Mit der zweiten Version sprechen Sie die visuellen, auditiven und kinästhetischen Typen an. Die Wahrscheinlichkeit ist somit größer, dass Sie so alle Zuhörer für Ihr Anliegen interessieren.

Weiter können Sie darauf achten, dass Sie die verschiedenen Sinne nicht nur mit Ihren Worten, sondern auch durch die Art und Weise Ihrer Präsentation ansprechen. Machen Sie einen erfolgreichen Mix aus visueller Darstellung (Bilder, Diagramme), gut gewählten Worten, und bieten Sie verschiedene Möglichkeiten, mit Ihrem Produkt in Kontakt zu treten, es anzufassen. Geben Sie z. B. ein Muster herum. Wenn dies nicht möglich ist, weil es sich z. B. um eine reine Dienstleistung handelt, dann überreichen Sie das wichtigste Bild bzw. Diagramm als Papier.

> Machen Sie Ihre Präsentation zum Fest der Sinne.
> Durch Worte, Bilder und viele Möglichkeiten, Ihr Produkt anzufassen und auszuprobieren sollen alle Ebenen erreicht werden.

Kommen wir nun zur Übersicht der einzelnen Strategien:

Präsentationsstrategien für visuelle Menschen

Visuelle Menschen schätzen visuelle Informationen. Sie wollen sich ein Produkt lieber gleich ansehen, als darüber zu reden oder sich lange Beschreibungen anzuhören. Auch legen sie sehr viel Wert auf eine attraktive Optik. Das heißt für Sie:

1. Präsentieren Sie viele Bilder, Tabellen, Fotos und Diagramme. Nutzen Sie Wandtafeln, Videobeamer und Flipcharts.
2. Verwenden Sie möglichst viele visuelle Begriffe. So erzeugen Sie in Ihrem Gegenüber attraktive Bilder bzw. Filme und machen es ihm leicht, Ihren Worten zu folgen. Stellen Sie Fragen wie z. B.: »Wie *sehen* Sie das?« Oder auch: »Können Sie sich das *vorstellen*?« Und: »Ist Ihnen das *klar*?«
3. Zeigen Sie auch hin und wieder mit Ihrem Blick Richtungen an. Schauen Sie ab und zu einmal nach oben, wenn Sie denken. Dadurch regen Sie auch den anderen an, Bilder zu sehen.
4. Schreiben Sie sich die wichtigsten Informationen auf. Es ist

besonders entscheidend, dass der visuelle Typ am Schluss noch einmal sieht, worüber gesprochen und was dabei genau vereinbart wurde.

5. Achten Sie auf die richtige und auf gepflegte Garderobe. Der visuelle Mensch legt großen Wert auf das Äußere und macht sich daher auch von Ihnen schnell ein Bild.

6. Achten Sie bei allem auf die richtige Verpackung. Auch, wenn es um Kleinigkeiten geht, zählt das tadellose Erscheinungsbild.

> Der visuelle Mensch liebt Informationen, die man sehen kann. Er will selbst sehen, worum es geht. Verwenden Sie sehr attraktive Bilder, und achten Sie auch ganz besonders auf Ihr äußeres Erscheinungsbild.

Präsentationsstrategien für auditive Menschen

Auditive Typen schätzen Informationen, die sie übers Gehör erfassen können. Sie reden in auditiven Begriffen und verstehen die auch am allerbesten. Diese Personen reden lieber intensiv über eine Sache, als sie sich gleich anzusehen. Sehr wichtig ist Ihnen auch, was sie von anderen Menschen über Ihr Produkt gehört haben. Das heißt für Sie:

1. Verwenden Sie möglichst viele auditive Begriffe. So machen Sie es diesen Menschen besonders einfach, Ihren Argumenten zu folgen. Fragen Sie z. B.: »Wie *klingt* das?«, »*Hört* sich das für Sie gut an?« oder »*Stimmen* wir hier überein?«

2. Erzählen Sie von den Eindrücken und Erfahrungen anderer. Ihr auditiver Gesprächspartner denkt in Worten und hört sich gerne an, was andere über Ihre Produkte zu sagen haben.

3. Setzen Sie Ihre Stimme als Ausdrucksmittel ein. Achten Sie besonders auf eine angemessenen Stimmlage, die passende Lautstärke und die richtige Sprechgeschwindigkeit. Nutzen Sie alle Ausdrucksmittel, um die wichtigsten Worte zu betonen.

4. Erzählen Sie passende Anekdoten. Die sind ein wirksames Mittel, um Dinge verständlich zu machen – für jeden. Auf den auditiven Menschen haben interessante Erzählungen jedoch einen besonders großen und positiven Einfluss.
5. Achten Sie auf regelmäßigen Telefonkontakt. Gerade dieses Instrument bedeutet auditiven Typen sehr viel.
6. Denken Sie daran, dass ein auditiver Typ alles hört. Er hört auch das, was Sie zwischen den Zeilen sagen.

Präsentationsstrategien für kinästhetische Menschen

Kinästheten schätzen Informationen, die sie im wörtlichen Sinne begreifen können. Sie benutzen beim Reden viele kinästhetische Begriffe und freuen sich, wenn Sie es ebenso tun. Diese Menschen wollen alles anfassen und ausprobieren. Sie entscheiden sich erst, wenn Sie dabei ein wirklich gutes Gefühl haben. Das heißt für Sie:

1. Verwenden Sie möglichst viele kinästhetische Begriffe. Sie werden damit bei Ihrem Gegenüber Gefühle spürbar machen. Fragen Sie: »Wie *fühlen* Sie sich dabei?«, »*Passt* es Ihnen«, »Was rät Ihnen Ihr *Gefühl*?« oder »*Begreifen* Sie, was ich meine?«
2. Präsentieren und verhandeln Sie immer persönlich. Der kinästhetische Mensch will mit Ihnen von Angesicht zu Angesicht reden, um ein gutes Gefühl zu entwickeln. Er ist kein Freund von Telefon und aufwendigem Schriftverkehr.
3. Schaffen Sie Möglichkeiten, das Produkt anzufassen, auszuprobieren. Geben Sie diesem Menschen ein Muster, z. B. zum Anfühlen, in die Hand. Lassen Sie ihn das Produkt selbst erspüren.
4. Präsentieren Sie besonders emotionsbetont. Stellen Sie die Vorzüge und Auswirkungen Ihres Angebots sehr gefühlsbetont dar. Wecken Sie Emotionen und herrliche Lebensgefühle. Schaffen Sie eine Verbindung zu sich selbst.
5. Benutzen Sie auch Blickrichtungen, die kinästhetische Typen

ansprechen. Schauen Sie ab und zu nach unten. Daraus wird Ihr Gegenüber schließen, dass Ihre Worte von Herzen kommen.

6. Kinästhetische Menschen mögen Körperkontakt. Ein Händedruck oder Schulterklopfen bedeutet ihnen viel.

> Kinästheten schätzen Informationen zum Anfassen, sie wollen die Dinge begreifen und brauchen ein gutes Gefühl, um zu entscheiden.

Das Framing: So erzeugen Sie Erwartungen

Die Art und Weise, in der Sie ein Verkaufsgespräch, einen Vortrag oder eine Präsentation ankündigen, bestimmt maßgeblich den Verlauf und somit auch den Erfolg Ihrer Bemühungen. Denn nicht nur während des Gesprächs, sondern besonders auch an dessen Anfang entscheiden Ihre Worte darüber, ob Ihnen die volle Aufmerksamkeit geschenkt und Ihr Thema als wirklich wichtig angesehen wird. Durch die Ankündigung in Ihrer Einleitung lenken Sie die Gedanken Ihrer Zuhörer in eine bestimmte Richtung, definieren Sie den Bezugsrahmen und erzeugen Sie die Erwartungen. Sie allein bestimmen im Vorfeld den Wert und die Bedeutung Ihres Anliegens.

> Worte prägen unsere innere Einstellung. Sie weisen Bedeutungen zu und wecken Erwartungen.

Ist das, was nun folgt, wichtig oder eher unwichtig, das Thema interessant oder uninteressant? Die innere Antwort der Zuhörer entscheidet das. Natürlich beeinflussen auch Sie den Verlauf Ihrer Gespräche schon heute ganz erheblich – z. B. durch die Art, wie Sie sie einleiten. Oft geschieht das wahrscheinlich unbewusst, manchmal aber auch sehr bewusst.

Beispiel!
Nehmen wir uns zunächst ein Beispiel vor, in dem Sie es bewusst tun. Sie laden Ihre besten Freunde zu einem besonderen Anlass ein. Ihre Einladung lautet:
Person A: »Ich lade Dich herzlich dazu ein.«
Person B: »Ich lade Dich dazu ein. *Festliche Kleidung* ist erbeten.«

Im ersten Beispiel haben Sie lediglich eine Einladung ausgesprochen. Der Gast weiß, dass er doch zu Ihrer Feier kommen möchte. Im zweiten Fall haben Sie, durch wenige, allerdings besonders gewichtige Worte, die Erwartungshaltung bereits im Vorfeld festgelegt. Die Bitte um festliche Kleidung macht Ihrem Gast die Bedeutung dieses Anlasses klar. Er wird seine Kleidung entsprechend wählen und sicher ganz besonders pünktlich sein.

Ein zweites Beispiel!
Sie rufen einen Mitarbeiter in Ihr Büro:
Person A: »Kommen Sie bitte in mein Büro. Es geht um Ihr Gehalt.«
Person B: »Kommen Sie bitte in mein Büro. Ich möchte sie gerne persönlich über Ihre nächste Gehaltserhöhung informieren.«

Was meinen Sie, wie fühlt sich der betroffene Mitarbeiter im ersten Fall? Wahrscheinlich ist er unangenehm berührt und ahnungslos. Er weiß nach dieser Ankündigung nur, dass es um sein Gehalt geht. Ob es angehoben oder reduziert wird, es also um eine erfreuliche oder eine unangenehme Mitteilung geht, kann er lediglich vermuten. Anders im zweiten Beispiel: Der Chef gibt dem Mitarbeiter durch seine Worte Sicherheit und ein gutes Gefühl vor dem Gespräch.
Nun kommen wir zur Einleitung eines Verkaufsgesprächs:

Person A: »Ich möchte Ihnen heute unser Produkt vorstellen.«
Person B: »Ich zeige Ihnen heute die *wichtigsten Besonderheiten* unseres Produkts, damit Sie *den Nutzen sofort* erkennen.«

Welchem Gespräch wird der Kunde wohl aufmerksamer folgen? Im ersten Fall erfährt er nur, dass ihm ein Produkt präsentiert werden wird. Nicht besonders aufregend! In der zweiten Ankündigung wird sofort deutlich gemacht, dass der Verkäufer sich auf »die wichtigsten Besonderheiten« konzentrieren will, das heißt, er beabsichtigt, dem Kunden keine Zeit zu stehlen. Zusätzlich lässt er hier auch erkennen, dass er ganz besonders den Kundennutzen im Auge hat.

> Zeigen Sie gleich zu Beginn des Gesprächs, dass den Zuhörer etwas ganz Besonderes erwartet. So steuern Sie die Erwartungshaltung positiv.

Nutzen Sie ankündigende Überschriften

Wenn wir andere Menschen über einen Sachverhalt informieren oder für ein Thema interessieren wollen, dann kommt es dabei besonders auf die klare Struktur unserer Vorgehensweise an. Denn: So sollte es auf gar keinen Fall ausfallen:

Beispiel 1!
»Also ich habe mir das noch einmal überlegt. Der wichtigste Punkt ist, dass wir auf Übersichtlichkeit achten. Zusätzlich sollten wir regelmäßig unsere Termine aktualisieren und interessante Pressemitteilungen veröffentlichen. Das sind für mich die allerwichtigsten Punkte, und ich bin sicher, so wird unser Internetauftritt ein großer Erfolg.«

Stellen Sie sich vor, jemand hätte Ihnen so etwas vorgetragen. Was ist Ihnen aufgefallen? Wie hätten diese Ausführungen auf Sie gewirkt? Nun, der wichtigste Aufhänger, das eigentliche Thema, wurde erst im letzten Satz erwähnt. Reichlich spät. Wahrscheinlich hätten Sie dann schon überhaupt nicht mehr zugehört und längst abgeschaltet.
Wenn Sie andere Menschen wirklich für Ihr Thema interessie-

> Reden Sie in ankündigenden Überschriften. Nennen
> Sie immer erst das Thema, den Aufhänger Ihrer Rede
> und dann die einzelnen Argumente.

ren und deren Aufmerksamkeit gewinnen wollen, dann reden
Sie bitte immer in ankündigenden Überschriften. Sie erreichen
dadurch, dass sich Ihre Zuhörer auf das Thema einstimmen können und gleich zu Beginn erfahren, um welche wesentlichen
Punkte es dabei geht. Außerdem fällt es ihnen dann auch viel
leichter, Ihren Worten zu folgen, mitzudenken und eventuell
sogar das Wichtigste mitzuschreiben. Nehmen wir gleich das
obige Beispiel, und formulieren wir es wirkungsorientiert um:

Beispiel 2!
»Heute geht es um den Erfolg *unseres Internetauftritts*. Ich habe
mir noch einmal überlegt, worauf wir achten sollten. Die *wichtigsten drei Punkte* sind: Übersichtlichkeit, regelmäßige Aktua-
lisierung und die ständige Veröffentlichung interessanter Pressemitteilungen. Wenn wir diese Punkte berücksichtigen, wird
der Auftritt ein großer Erfolg.«

Haben Sie den großen Unterschied zum ersten Beispiel bemerkt?
In dieser Rede erfahren Sie nämlich sofort, worum es geht. Die
erste Überschrift lautet: Erfolg unseres Internetauftritts. Gleich
danach folgt die nächste Überschrift, mit der der Redner ankün-
digt, dass jetzt die wichtigsten drei Aspekte zu diesem Thema
folgen. Die Rede und ihr Inhalt sind schlüssig und gut verständlich aufbereitet. Mit jeder ankündigenden Überschrift werden die Gedanken des Zuhörers auf das folgende Thema bzw
Argument gelenkt, seine Aufmerksamkeit wird sinnvoll gebün-
delt.

Die Struktur der ankündigenden Überschriften

- *Überschrift 1:* Sie kündigt das Thema, den Aufhänger an.
  ⇒ z. B.: »Heute informiere ich Sie über …«
- *Überschrift 2:* Sie kündigt die einzelnen Punkte und Argumente an.
  ⇒ z. B.: »Die drei wichtigsten Vorgehensmaßnahmen sind …«

> Formulieren Sie ankündigende Überschriften.
>
> 1. Nennen Sie immer zuerst das Thema.
>   »Heute informiere ich Sie über …«
>
> 2. Dann folgt Zahl und Bedeutung der Punkte.
>   »Die drei interessantesten Punkte sind …«

Bitte kündigen Sie Ihre Highlights in der zweiten Überschrift auf eine solche Art und Weise an, wie sie im Kasten oben zu sehen ist, und zwar mit der konkreten Anzahl und einem starken Adjektiv (siehe Kasten unten), das die Bedeutung unterstreicht. So wird aus: »Die Punkte sind …« – »Die drei wichtigsten Punkte sind …« Adjektive, die Aufmerksamkeit erzeugen, sind beispielsweise »wertvoll«, »wichtig«, »bedeutend«, »aktuell« und »vielversprechend«. Sie werden selbst merken, auf welche Variante Sie stärker reagieren.

> Kündigen Sie Ihre einzelnen Argumente immer mit starken Schlüsseladjektiven an!
>
> - wichtig,
> - wertvoll,
> - bedeutend,
> - herausragend usw.

✎ **Übung!**

Formulieren Sie den folgenden Text bitte so um, dass er die wirkungsvollen, ankündigenden Überschriften enthält.

»Lassen Sie uns gleich zu den einzelnen Punkten dieses Themas kommen. Beim Reden sollten wir immer auf den Blickkontakt achten. Weiterhin ist es wichtig, dass wir auch einmal lächeln. Erfolgreich wird unsere Kommunikation dann, wenn wir auf körpersprachliche Reaktionen achten.

Ihr neuer Text:

....

....

....

....

Sagen Sie immer genau, was Sie wollen!

Wenn wir mit Unterstützung anderer Menschen etwas Bestimmtes erreichen wollen, dann ist es wichtig, dass wir unser Ziel sehr klar und eindeutig rüberbringen. Interessant zu beobachten ist, dass Menschen dabei unterschiedliche Verhaltensweisen und Zielstrategien verwenden. Schauen wir uns Beispiele an.

Beispiel!

Person A: »Also, ich habe keine Lust mehr, jeden Abend so spät nach Hause zu kommen. Ich will meinen Beruf nicht mehr so sehr voreanstellen und mein Privatleben dadurch vernachlässigen.«
Person B: »Ab morgen werde ich abends um 17 Uhr zu Hause sein. Mir ist mein Privatleben ab sofort wichtiger als der Beruf.«

Person A sagt Ihnen nicht, was Sie will, sondern nur das, was Sie nicht mehr will. Sie praktiziert die Weg-von-Strategie. Bei dieser Strategie steht die Vermeidung im Mittelpunkt. Das eigentliche Ziel ist nicht oder nur unklar definiert. Der Gesprächspartner erfährt von solchen Rednern oft nicht genau, was sie wollen oder von ihm erwarten. Er muss es heraushören und sich selbst einen eigenen Reim darauf machen. Sicher eine schlechte Basis für ein wirkungsvolles Gespräch!

Person B praktiziert die so genannte Hin-zu-Strategie. Sie sagt Ihnen klar, was Sie will. Das Ziel steht im Mittelpunkt und nur die direkt damit in Verbindung stehende neue Verhaltensweise wird erwähnt. Diese Strategie schafft für Sie und Ihren Gesprächspartner ein hohes Maß an Eindeutigkeit und Klarheit. Zudem wirkt sie positiv, selbst- und fremdmotivierend. Alles Aspekte, die wichtig für ein erfolgreiches Gespräch sind.

> Nutzen Sie für Ihre Ziele die Hin-zu-Strategie.
> Sagen Sie sich und anderen Menschen immer genau,
> was Sie denken, erwarten oder wollen.

Fragen Sie sich einfach zum Erfolg

In Gesprächen ist es immer wieder zu beobachten, dass viel geredet und nur wenige Fragen gestellt werden. Die Teilnehmer geben damit so manches von sich preis, verschenken aber die Möglichkeit, durch Fragen selbst Neues zu erfahren.

> Nur Fragen bringen Antworten und neue Erkenntnisse.

Es ist sehr wichtig, im Gespräch immer wieder Fragen zu stellen. Zum einen ist dies ein Akt der Höflichkeit – Sie zeigen durch Ihre Fragen, dass Sie der andere und seine Meinung wirklich interessiert, außerdem nehmen Sie durch Ihre gezielten Fragen großen Einfluss auf Ihr Gegenüber und lenken seine Gedanken in die von Ihnen gewünschte Richtung.

> Wer fragt, der lenkt, was der andere denkt.

Fragen sind das beste Mittel, um ein Gespräch zielgerichtet und wirkungsvoll zu führen. Sie erhalten wesentliche Informationen und können durch Ihre Fragen den Gesprächsverlauf sinnvoll steuern. Außerdem beugen Sie durch Ihre rechtzeitigen Fragen vielen Missverständnissen, Vorurteilen und Konfliktsituationen vor. Sie werden schon in einem der nächsten Kapitel erfahren, wie Sie durch gezielte Fragen oberflächlichen Aussagen die wichtigen Informationen und die wahren Hintergründe entlocken können. Außerdem helfen Sie auch Ihrem Gesprächspartner, sich seiner Gedanken, Absichten und Ziele bewusst zu werden.

> Wer fragt, übernimmt die Führung des Gesprächs.

Entscheidend für den Erfolg Ihrer Fragen ist, dass Sie die richtige Frageform verwenden. Nicht jede Frage ist in allen Situationen angemessen, nicht jede Frage bringt dieselbe Qualität an Antwort, dieselbe Güte an Informationsgehalt. Dazu einige Beispiele für verschiedene Fragetypen.

1. **Geschlossene Frage:** *»Gefällt Ihnen der Prospekt?«*

- *Antwort:* Ja/nein. (wenig Information, da Konditionalfrage).
- *Nutzen:* Bitte nur für Entscheidungen verwenden!

2. **Offene Frage:** *»Warum gefällt Ihnen der Prospekt?«*

- *Antwort:* Ein vollständiger Satz (hoher Informationsgehalt).
- *Frage:* Wer, was , wann, wie, warum ... (W-Fragen!).
- *Nutzen:* Oft einsetzen, eine der besten Frageformen.

3. **Informationsfrage:** *»Wie meinen Sie das?«* Oder: *»Wie darf ich das verstehen?«*

- *Antwort:* Ein vollständiger Satz (hoher Informationsgehalt).
- Eine der häufigsten Fragen, die Ihr Gegenüber wirklich aktiviert.
- *Nutzen:* Dient dem Verständnis, klärt mögliche Missverständnisse.

4. Suggestivfrage: *»Sie wollen doch sicherlich…?«*
- *Antwort:* Ja!
- Manipulierend, nicht an einer echten Meinungsäußerung interessiert.
- *Nutzen:* Bitte sparsam verwenden, da der Informationsgehalt gering ist.

5. Alternativfrage: *»Wollen Sie dies oder jenes?«* Oder: *»Passt es Ihnen besser am xy oder am yz?«*
- *Antwort:* Diese Frageform lässt mehrere Antworten zu.
- Beispielsweise ein beliebtes Mittel zur erfolgreichen Terminbestimmung.
- *Nutzen:* Sehr hoch, der Gefragte kann mitentscheiden.

6. Bestätigungsfrage: *»Sie bestätigen, dass…?«* Oder: *»Sie stimmen zu, dass…?«*
- *Antwort:* Ein Ja wird förmlich erwartet.
- Die Frage dient zur Sicherung von Teilergebnissen.
- *Nutzen:* Hoch, denn Fehler und Missverständnisse werden erkannt.

7. Rhetorische Frage: *»Wem ist nicht bekannt, dass …?«*
- *Antwort:* Der Fragende erwartet keine Antwort.
- *Nutzen:* Vorsicht, eine solche Frage wirkt schnell arrogant und überheblich, da nur von untergeordneter Bedeutung.

8. Motivierende Frage: *»Was sagen Sie als Fachmann?«*
- *Antwort:* Die Antwort fällt zumeist positiv aus.
- Mit der Frage lobt man sein Gegenüber und schafft eine gute Stimmung.
- *Nutzen:* Hoch, denn die Frage spricht das Selbstwertgefühl des anderen an.

9. Ja-Frage: *»Sie wollen doch sicher Kosten sparen?«*
- *Antwort:* Eine Frage, die ein Ja als Antwort erwartet.
- Mehrere dieser Fragen erzeugen eine Ja-Fragen-Straße.

- *Nutzen:* Sinnvoll und behutsam eingesetzt, handelt es sich um ein wertvolles Mittel, um Übereinstimmung (Angleichen) zu bewirken.

> Die wertvollsten Frageformen für Ihren Erfolg sind:
>
> 1. offene Fragen
> 2. Informationsfragen
> 3. Alternativfragen
> 4. Bestätigungsfragen
> 5. Ja-Fragen.

✍ **Übung!***

Formulieren Sie bitte *zwei* Beispiele für die jeweilige Frageform.

① *Thema:* Arbeit. *Frageform:* geschlossene Frage

(a) ....

(b) ....

② *Thema:* Urlaub. *Frageform:* offene Frage

(a) ....

(b) ....

③ *Thema:* Fitness. *Frageform:* Informationsfrage

(a) ....

(b) ....

---

* Lösungen siehe Anhang Seite 236

④ *Thema:* Gesundheit und Erfolg. *Frageform:* Suggestivfrage

(a) ....

(b) ....

⑤ *Thema:* Produkt und Termin. *Frageform:* Alternativfrage

(a) ....

(b) ....

⑥ *Thema:* Das beste Produkt. *Frageform:* Bestätigungsfrage

(a) ....

(b) ....

⑦ *Thema:* Herausragende Persönlichkeiten. *Frageform:* rhetorische Frage

(a) ....

(b) ....

⑧ *Thema:* Profi und Experte. *Frageform:* motivierende Frage

(a) ....

(b) ....

⑨ *Thema:* Umsatz und Gewinn. *Frageform:* Ja-Frage

(a) ....

(b) ....

⑩ *Thema:* beliebig. *Frageform:* Aufbau einer Ja-Fragen-Straße

(a) ....

(b) ....

(c) ....

(d) ....

Wollen Sie Entscheidungen oder mehr Informationen?

Person A: »Haben Sie dazu eine Meinung?«
Person B: »Ja.«
Person A: »Kann ich Ihnen dabei helfen?«
Person B: »Ja.«

Konditionalfragen – so wie oben – dienen der Entscheidungs-findung. Sie werden viel zu häufig, oft sogar fälschlicherweise gestellt. Denn in vielen Fällen wünschen wir keine Entschei-dung, sondern neue Informationen. Und bei beiden oben genann-ten Fragen fällt Ihnen sicher sofort auf, dass Sie daraufhin kaum klare Informationen erhalten.

Ein einziges Wort zusätzlich macht aus den mageren Informa-tionen, die wir auf die so genannten geschlossenen Fragen erhal-ten, eine wahre Informationsflut: Das Zauberwort heißt zum Bei-spiel »Wie?« Sie öffnen dadurch das Antwortpotenzial Ihrer Frage und lenken den Gefragten weg von einer automatisierten, fast reflexartigen Ja-Nein-Antwort direkt auf das Kernthema, den ganzen Inhalt, auf seine Meinung und Ansichten. Mit dem Ergebnis, dass Sie sehr viel speziellere und anspruchsvollere Information erhalten als vorher. Schauen wir uns diesen Effekt gleich einmal an:

Person A: »*Wie* ist Ihre Meinung dazu?«
Person B: »Ja also, ich finde, wir sollten …«
Person A: »*Wie* kann ich Ihnen dabei helfen?«
Person B: »Ja, am besten wäre es, wenn Sie …«

Sie sehen: Allein durch das Voranstellen des Wortes »wie« bringen Sie Ihr Gegenüber dazu, Ihnen mit ganzen Sätzen zu antworten. Sie erhalten so sehr viel mehr und bessere Informationen.

> Beginnen Sie Ihre Fragen mit einem besonders wichtigen Wörtchen: »Wie«, »was«, »wann«, »wer«, »warum?« Und Sie erhalten wertvollere Informationen als mit einer Konditionalfrage.

✍ **Übung!***

Bitte formulieren Sie diese Fragen um:

① Hat es Ihnen gefallen?

....

② Sind Sie sich sicher?

....

③ Haben Sie als Fachmann einen Rat für uns?

....

④ Kommen Sie wieder?

....

* Lösungen siehe Anhang Seite 237

⑤ Können wir das gemeinsam lösen?

....

⑥ Sind Sie gesundheitlich fit?

....

⑦ Macht Ihnen die Arbeit Spaß?

....

Aussagen und Fragen »quittieren«

In Gesprächen fällt es immer wieder auf, dass wir den Aussagen, Bemerkungen und Fragen anderer kaum Beachtung schenken. Wir sind oftmals nur auf unsere eigenen Gedanken und Worte fixiert.

Beispiel!
Schauen Sie sich diesen Beispieldialog an:
Person A: »Heute diskutieren wir über unseren geplanten Börsengang.«
Person B: »Ich habe dazu aktuelle Beispiele mitgebracht.«
Person A: »Also lassen Sie uns jetzt bitte gleich anfangen. Zuerst sollten wir die Rahmenbedingungen durchsprechen.«
Person C: »Unsere Abteilung hat für heute einige Zahlen vorbereitet.«
Person A: »Wie ich eben schon sagte: zuerst die Rahmenbedingungen. Ich lese Ihnen einige Vorgaben der Aufsichtsbehörde vor.«
Person B: »Eine Frage. Wie wäre es, wenn wir die Blätter kopierten? So hat sie jeder vor sich liegen.«
Person A: »Jetzt haben wir dazu keine Zeit, vielleicht in der Pause.«

Die Person A leitet die Diskussion. Wie Sie bereits an diesem kurzen Beispieldialog erkennen können, ist die Person A vollkommen auf ihre Gedanken und einen strukturierten, zügigen Ablauf konzentriert. Er geht auf die Fragen und Aussagen der anderen Personen nicht oder nur auf sehr unhöfliche Art und Weise ein.

Er hat ein bestimmtes Ziel, will sich durchsetzen und alleine bestimmen, wie das Gespräch verläuft. Wie wird es wohl mit dieser Besprechung weitergehen? Aus der Diskussion wird höchstwahrscheinlich ein Monolog der Person A. Die anderen Teilnehmer geben ihre aktive Mitwirkung durch das Verhalten von A nach kürzester Zeit auf. Oder es kommt zu einem offenen Konflikt. So wird, durch Missachtung und mangelnde Wertschätzung anderer Menschen, sehr schnell eine demotivierende Gesprächshierarchie aufgebaut. Allein dadurch wird in vielen Fällen wertvolles Ideenpotenzial verschenkt. Schauen wir uns nun an, wie Person A diesen Dialog positiv und für alle Beteiligten motivierend gestalten kann.

Beispiel!

Person A: »Heute diskutieren wir über unseren geplanten Börsengang.«

Person B: »Ich habe dazu einige aktuelle Beispiele mitgebracht.«

Person A: *»Gut, dass Sie daran gedacht haben.* Also lassen Sie uns jetzt bitte gleich anfangen. Zuerst sollten wir die Rahmenbedingungen durchsprechen.«

Person C: »Unsere Abteilung hat für heute einige Zahlen vorbereitet.«

Person A: *»Prima! Die schauen wir uns gleich nach der Einführung an.* Wie ich eben schon sagte: zuerst die Rahmenbedingungen. Ich lese Ihnen einige Vorgaben der Aufsichtsbehörde vor.«

Person B: »Eine Frage. Wie wäre es, wenn wir die Blätter kopierten? So hat sie jeder vor sich liegen.«

Person A: *»Eine gute Idee.* Bitte kümmern Sie sich gleich darum …«

> Quittieren Sie alle Fragen, Aussagen und Komplimente.
> Das ist aktive Anerkennung, Wertschätzung und wirkt
> sehr motivierend.

Sicher bemerken Sie den großen Unterschied zum ersten Beispiel. Person A geht sehr wohlwollend und positiv auf die anderen Teilnehmer ein. Sie greift deren Bemerkungen auf und quittiert diese. Dadurch entsteht eine sehr partnerschaftliche, offene und zur aktiven Mitwirkung motivierende Gesprächsatmosphäre. Und A behält weiterhin die Diskussionsleitung in der Hand. Denn quittieren heißt wahrnehmen, aufgreifen und würdigen und nicht immer gleich handeln müssen.

Nehmen wir ein nächstes Beispiel, das Ihnen bestimmt geläufig ist:

Beispiel 1!

Person A: »Also wie Sie diesen Vortrag wieder gehalten haben – toll!«

Person B: »Aber die Räumlichkeiten hätten größer sein können.«

Was passiert hier? Person A spricht Person B ihre Anerkennung aus. Und wie reagiert B darauf? Sie geht überhaupt nicht auf das Kompliment ein und spricht viel lieber sofort über das, was für sie wichtig ist: die unzulänglichen Räumlichkeiten.

Glauben Sie, dass Person A so für die Zukunft motiviert wird, in ähnlichen Situationen wieder ein Lob auszusprechen? Bestimmt nicht! Schauen wir uns eine positive Reaktion an.

Beispiel 2!

Person A: »Also wie Sie diesen Vortrag wieder gehalten haben – toll!«

Person B: *»Vielen Dank. Es freut mich, dass er Ihnen gefallen hat.«*

Mit dieser Reaktion zeigt Person B ganz deutlich, dass er sich über das Lob von A freut und es gerne annimmt. Außerdem motiviert sie ihn so zur Wiederholung. Wichtig für die Zukunft!

Übrigens: Menschen, die oft quittieren, zeigen dadurch ein großes Maß an Interesse am Gegenüber und beweisen Persönlichkeit. Sie fördern ein aktives und freundschaftliches Gesprächsklima.
Bitte gewöhnen Sie sich in Zukunft daran, das Verhalten und die Worte Ihrer Mitmenschen konsequent zu quittieren. Und quittieren können Sie alles: ob eine Frage, eine Behauptung, einen Einwand oder eben ein Kompliment. Wir werden später noch näher darauf eingehen, wie Sie durch Ihr konsequentes Quittieren speziell mit Einwänden und Meinungsverschiedenheiten besser zurechtkommen.

> Indem Sie das Verhalten anderer Menschen
> positiv quittieren, wecken Sie in diesen die Lust,
> es auch gerne zu wiederholen.

✍ **Übung!***
Bitte quittieren Sie die folgenden Aussagen.

① Ich wüsste gerne noch mehr zum Thema xy.

....

② Ihre Aussage habe ich nicht verstanden.

....

③ Ihr Vortrag hat mir sehr gut gefallen.

....

---

* Lösungen siehe Anhang Seite 238

④ Wir haben für dieses Gespräch nur eine Stunde Zeit.

....

⑤ Ich finde, wir sollten auch ... beachten.

....

⑥ Ich kann Ihre Schrift nicht lesen.

....

⑦ Sie haben da einen Fleck auf Ihrem Hemd.

Die hohe Kunst des Zuhörens

Neben einer wirkungsvollen Sprache und der richtigen Frage-
technik gibt es ein weiteres entscheidendes Mittel: das Zuhören.
Besonders das Zuhören ist dazu geeignet, dem Gegenüber ein
gutes Gefühl zu geben, echtes Interesse an seiner Meinung zu
bekunden und das Gespräch für beide zum Erfolg zu führen.

> Hören Sie immer sehr aktiv und mit Geduld zu!

Wichtig ist, dass Sie Ihrem Gesprächspartner sehr aktiv und mit
viel Geduld zuhören. Denn Ihr aktives Zuhören drückt echtes
Interesse aus, zeigt dem Gegenüber, dass seine Position bzw.
Situation wichtig ist und liefert Ihnen außerdem viele Informationen.
Aktives Zuhören entspringt immer einer bestimmten Einstellung. Ein guter Gesprächspartner hört gerne zu und zeigt dies
auch ganz deutlich durch sein körpersprachliches Verhalten. Er
hält Blickkontakt und sitzt ganz entspannt. Er lächelt seinem
Gesprächspartner zu, nickt ab und zu als sichtbares Signal seiner ungeteilten Aufmerksamkeit.

Das *Schweigen,* als Sonderform des Zuhörens, wird oftmals auch sehr bewusst eingesetzt. Es ist ein wichtiges Instrument, um der eigenen Position Bedeutung zu verleihen. Es drückt Entschlossenheit und eine reife Persönlichkeit aus und folgt immer einer klaren Aussage. Große Verkäuferpersönlichkeiten nutzen dieses wirkungsvolle Mittel erfolgreich dazu, um an einem bestimmten Punkt einer Preisverhandlung ihr letztes Wort zu signalisieren. Das Schweigen funktioniert übrigens als Mittel der Verhandlungsführung sowohl im persönlichen Gespräch als auch am Telefon ganz hervorragend.

> Schweigen verleiht den letzten Worten Wirkung.

Reframing: Die wertvolle Kunst des Umdeutens

Ihr Erfolg im Leben hängt maßgeblich von Ihrer Fähigkeit ab, auf Widerstände, Meinungsverschiedenheiten und – besonders als Verkäufer – auf Einwände positiv zu reagieren. Dabei sollen Sie nicht anderen Menschen das Wort reden oder bei jeder Gelegenheit klein beigeben, sondern auf die Argumente anderer so eingehen, dass Ihr gewünschtes Ziel erreichbar bleibt. Dies gelingt Ihnen durch das so genannte Umdeuten.

Beim Umdeuten erzeugen Sie keinen neuen Bezugsrahmen, beeinflussen nicht die innere Erwartung, wie beim Framing zuvor beschrieben, sondern Sie ändern Ihren Blickwinkel und den Ihres Gegenübers, sehen die vermeintlichen Tatsachen in einem anderen Licht und schaffen dadurch neue Möglichkeiten.

> Mit unseren Worten formen wir den Bezugsrahmen.
> Beim Umdeuten verändern Sie diesen nur.

Die Ereignisse, Aufgaben und Herausforderungen an sich, bleiben natürlich dieselben. Lediglich der innere bzw. äußere Bezugsrahmen und die Art und Weise, wie wir die Dinge sehen, ändert sich. Das klassische Beispiel für die Kunst des Umdeutens kennen Sie als das Prinzip des positiven Denkens. Auf diese Weise wird aus dem halbleeren Glas ein halbvolles Glas. Natürlich ändert sich bei dieser Betrachtungsweise nichts daran, dass das Glas zur Hälfte gefüllt ist. Aber gerade dann, wenn Sie nur noch dieses Glas trinken dürfen, kann es für Ihre Stimmung einen großen Unterschied bedeuten, ob Sie ausschließlich daran denken, dass Sie schon die Hälfte getrunken haben oder sich darauf freuen, noch ein weiteres halbes Glas dieses köstlichen Getränks genießen zu können.

Das Umdeuten können Sie auf zwei ganz unterschiedliche Arten vollziehen: Sie ändern entweder den Zusammenhang (Kontext-Reframing) oder die Bedeutung (Bedeutungs-Reframing). Schauen wir uns diese beiden Formen des Umdeutens anhand von zwei typischen Einwandsituationen aus dem Verkauf an.

Folgendes passiert:
1. Beim *Umdeuten des Zusammenhangs* verändern Sie nur den Kontext, in dem der Einwand des Kunden auftritt, das heißt, Sie verändern die Situation oder den Zeitrahmen.
   Beispiel 1!
   »Das Buch ist aber teuer!«
   Verkäufer: »Ja, das stimmt. Aber als Geschenk für Ihren besten Freund ist es sicher gut angelegt.«
   Beispiel 2!
   »Diese Automarke ist unzuverlässig!«
   Verkäufer: »Ja, das stimmt. Noch bis vor fünf Jahren war das der Fall. Seit diesem Modell hat sich das zum Glück geändert.«

2. Beim *Umdeuten der Bedeutung* verändern Sie einen negativ assoziierten Begriff in einen besonders positiven.
   Beispiel 1!
   Das Buch ist aber teuer!«
   Verkäufer: »Ja, das stimmt. Dafür erhalten Sie einen exklusiven Ledersonderband in limitierter Auflage.«

Beispiel 2!

»Der Preis ist aber hoch!«

Verkäufer: »Ja, und für Ihr Geld erhalten Sie beste Qualität.«

Beispiel 3!

»Das Auto ist in schlechtem Zustand!«

Verkäufer: »Ja, für Sie als Sammler ein Schnäppchen, da alles noch im Originalzustand ist.«

> Beim Umdeuten (Reframing) ändern Sie:
>
> • den Zusammenhang (Situation, Zeitrahmen) oder
> • die Bedeutung (z. B. teuer in wertvoll)

26 wertvolle Umdeutungen

Diese wertvollen Umdeutungen werden Ihnen in vielen Situationen ganz konkret weiterhelfen. Wenn Sie diese Seite immer wieder durchlesen und die Umdeutungen verinnerlichen, dann können Sie allein dadurch Ihre persönliche Souveränität steigern, Ziele schneller erreichen und noch mehr Erfolge erzielen. Sie werden sicherer, und Einwände machen Sie nie wieder sprachlos.

26 Topumdeutungen für die Praxis

1. aber	→	und
2. alt	→	bewährt, sicher
3. Angst	→	Erwartung
4. das kostet	→	das bringt, hat den Nutzen
5. erst	→	schon, bereits
6. Fehler machen	→	dazulernen
7. hoher Preis	→	Qualität, Exklusivität
8. immer weg	→	sehr gefragt, viele Aufträge
9. knapp	→	ausreichend
10. kompliziert	→	komplex

11. Kosten	→	Investitionen
12. Krankheit	→	Zeit, Ruhe, Erholung
13. merkwürdig	→	besonders
14. nein!	→	so/jetzt nicht
15. nie gehört	→	neu, aktuell
16. nur	→	schon, immerhin
17. Problem	→	Situation, Gelegenheit, Chance
18. Rabatt	→	reduzierte Leistung
19. schlicht	→	einfach, angemessen
20. schwierig	→	anspruchsvoll
21. teuer	→	preiswert
22. trotzdem	→	und
23. unbekannt	→	aufstrebend, Geheimtipp
24. unerreichbar	→	großes Ziel, hohes Niveau
25. zu neu	→	innovativ, aktuell, zeitgemäß
26. zu klein	→	fokussiert, spezialisiert, persönlich

Auf Meinungsverschiedenheiten positiv reagieren

Wenn Sie mit anderen Menschen reden, kommt es immer wieder einmal zu Meinungsverschiedenheiten. Folgender Dialog zeigt das beispielhaft.

Person A: »... aber wir müssen die Anzeigenwerbung verstärken!«

Person B: »Das sehe ich ganz anders. Printmedien sind völlig out.«

Person A: »Sie haben ja keine Ahnung. Anzeigenwerbung ist wichtig.«

Person B: »Nein, viel wichtiger ist unsere zukünftige Internetpräsenz ...«

Sie kennen diese Art von Gesprächen bestimmt zur Genüge.

Ihren gutgemeinten Worten wird mit einem sachlichen oder auch unsachlichen Einwand begegnet, oder Sie werden sogar offen kritisiert. Dass dies passiert, ist völlig normal und liegt in der Natur des Menschen, denn zu unterschiedlich sind manchmal unsere Erfahrungen, unsere Vergangenheit, unser Vorwissen und unser daraus entstandenes Weltbild. Lassen Sie zwei Menschen ein und dieselbe Situation beschreiben, und Sie erhalten garantiert unterschiedliche, zum Teil stark voneinander abweichende Darstellungen. Dies verdeutlicht die selektive Wahrnehmung und das von Gefühlen geprägte subjektive Erleben eines jeden. Daran wollen und können wir auch nichts ändern.

> Meinungsverschiedenheiten sind der Ausdruck unterschiedlicher Weltbilder. Akzeptieren Sie dies, und Sie haben bereits sehr viel gewonnen.

Die wahre Herausforderung bei einer Meinungsverschiedenheit liegt in unserer Reaktion darauf. Denken Sie nur einmal an die letzte Gelegenheit, bei der Sie in eine solche Meinungsverschiedenheit verwickelt waren! Wie haben Sie darauf reagiert? Typischerweise verhalten wir uns rasch ablehnend, trotzig und manchmal sogar ärgerlich. Wir verstehen oftmals nicht, warum uns der andere nicht zustimmt und verwenden unsere ganze Energie darauf, ihn auf Teufel komm raus mit den eigenen Argumenten zu überzeugen. Dadurch wird die Situation nur noch schlimmer, die Fronten verhärten sich, und das Gespräch wird für beide Seiten sinnlos. Anstatt innezuhalten und sich für die Meinung des anderen zu interessieren, tun Sie nun ungewollt alles, um diese Meinungsverschiedenheit am Leben zu halten. Darauf reagiert die andere Seite genauso – und was oft nach langen Diskussionen bleibt, sind zwei Menschen mit weiterhin zwei verschiedenen Meinungen. So können weder Sie noch Ihr Gegenüber von diesem Gespräch profitieren, und Sie gehen ergebnislos auseinander. Was können wir also tun, um eine solche Entwicklung zuverlässig zu vermeiden?

> Reagieren Sie auf andere Meinungen positiv. Zeigen Sie,
> dass Sie dafür Verständnis haben.

Zunächst einmal: Reagieren Sie auf Meinungsverschiedenheiten bitte immer positiv. Einerseits sollten Sie wissen, dass auch in anderen Meinungen immer ein Körnchen Wahrheit steckt. Zum anderen ist zu beachten, dass nur so verschiedene Meinungen auf ein gemeinsames konstruktives Ergebnis oder Ziel geführt werden können. Nutzen Sie also jede Möglichkeit, um Ihre Toleranz für andere Ansichten zum Ausdruck zu bringen. Am besten gelingt Ihnen dies, wenn Sie dem Gegenüber zunächst einmal zustimmen. Sie vergeben sich nichts und zeigen ganz deutlich, dass Ihnen der andere und seine Meinung wichtig ist. Und dann ist er auch offen für Sie.

> **Reagieren Sie auf eine andere Meinung**
> **mit einem Einstieg wie:**
>
> - »Ihre Meinung ist interessant, und ich finde ...«
> - »Ich verstehe Sie sehr gut, und ich meine ...«
> - »Das sehe ich ein, und darüber hinaus ...«
> - »Ich stimme Ihnen zu und will ergänzen ...«
> - »Ich respektiere Ihre Ansicht und will Ihnen ...«

Werden wir gleich konkret und greifen das Beispiel von vorne auf. Der Dialog sieht jetzt folgendermaßen aus:

Person A: »... aber wir müssen die Anzeigenwerbung verstärken.«

Person B: »Ihre Aussage finde ich interessant, und es ergibt sich für mich die Frage: Was halten Sie vom Internet?«

Person A: »Da kenne ich mich noch nicht so gut aus. Ich weiß nur aus Erfahrung, wie wichtig Anzeigenwerbung ist.«

Person B: »Das sehe ich ein und bin mir sicher, dass wir Ihre Erfahrung für eine kombinierte Strategie sehr gut nutzen können.«

Bemerken Sie den bedeutenden Unterschied? Das Gespräch beginnt auf dieselbe Weise und endet jedoch völlig anders. Jeder bringt seine Meinung aktiv ein, greift die Worte des anderen auf, und es kommt schließlich zu einer Lösung, die beide Meinungen respektiert.

Und genau das ist das Entscheidende. Denn es geht hier nicht um wohlgewählte Worte, um Schmeicheleien und Selbstbetrug, sondern einzig und allein darum, die eigene Meinung aktiv in ein Gespräch einzubringen und gleichzeitig die des anderen zu achten. Und: Vielleicht sogar in die Lösung mit einzubeziehen. Mit dieser Einstellung erreichen Sie gleich einen doppelten Erfolg: Sie berücksichtigen einerseits die Tatsache, dass jeder Mensch gerne sich selbst und seine Ansichten in den Vordergrund stellt, andererseits hören Sie endlich damit auf, Einwände anderer als etwas Lästiges oder Störendes zu betrachten und diese immer gleich als persönlichen Angriff zu werten. In jedem Fall sorgen Sie mit Ihrer neuen positiven Einstellung zu Meinungsverschiedenheiten und Einwänden für ein angenehmes Gesprächsklima, von dem Sie nur profitieren können.

> Nehmen Sie Einwände anderer nicht persönlich.

Gleich im nächsten Kapitel kommen wir zu einem besonderen Wort, das Ihnen sicher bereits im oben dargestellten Positivbeispiel aufgefallen ist.

Das Zauberwörtchen »und«

Schauen wir uns das Positivbeispiel auf der letzten Seite doch noch einmal ganz genau an. Ein Wort sticht besonders heraus, das Wörtchen »und«. Hier nochmals zur Verdeutlichung:

Person A: »… aber wir müssen die Anzeigenwerbung verstärken.«
Person B: »Ihre Aussage finde ich interessant, *und* es ergibt

sich für mich die Frage: ›Was halten Sie vom Internet?‹«

Person A: »Da kenne ich mich noch nicht so gut aus. Ich weiß
nur aus Erfahrung, wie wichtig Anzeigenwerbung
ist.«

Person B: »Das sehe ich ein *und* bin mir sicher, dass wir Ihre
Erfahrung für eine kombinierte Strategie sehr gut nutzen können.«

> »Und« ist ein Zauberwort. Es verbindet unterschied-
> liche Meinungen zu einer gemeinsamen Ansicht.

Das Wörtchen »und« wirkt Wunder. Unsere Person B reagiert
auf die Aussagen und Einwände von A souverän und sachlich.
Sie greift die Argumente von A auf, zeigt ihr Interesse an der
anderen Meinung und verbindet diese zielgerichtet mit ihren
eigenen Absichten. Damit hält sie eine freundschaftliche, konstruktive und lösungsorientierte Atmosphäre aufrecht. Die Partner haben die Chance, sich im weiteren Verlauf immer mehr
aneinander anzugleichen.

Das Zauberwort »und« zeigt eine unglaubliche Wirkung. Und
es kostet Sie nichts – außer drei Buchstaben und eine Sekunde
Zeit. Auch in diesem Satz wirkt ein »und« besser als ein »… aber
es kostet Sie …«

> Verwenden Sie häufiger mal ein »und«.
>
> Ersetzen Sie mit »und« Wörtchen wie:
>
> - aber,
> - trotzdem,
> - dennoch,
> - obwohl.

Auf Einwände positiv reagieren

Wenn Sie andere Menschen von Ihren Ideen und Zielen – oder im Verkaufsgespräch von Produkten und Leistungen – überzeugen wollen, kommt es immer wieder zu den unten aufgelisteten Einwänden oder Aussagen. Dazu gehören:

- »Das ist mir zu teuer.«
- »Das gefällt mir nicht.«
- »Der Preis ist mir zu hoch.«
- »Das überlege ich mir noch einmal.«
- »Das können wir nicht machen.«
- »Das kann ich nicht allein entscheiden.«
- »Das können andere besser.«
- »Das ist nichts Neues.«
- »Ich will mich erst einmal informieren.«
- »Ist jetzt die richtige Zeit dafür?.«
- »Ich will noch einmal abwarten.«
- »Das ist noch nicht das Richtige.«
- »Das habe ich mir anders vorgestellt.«
- »Ich will mich erst noch einmal erkundigen.«
- »Ich brauche noch eine zweite Meinung.«
- »Wir melden uns wieder.«
- »Wir haben momentan kein Geld.«
- »Wir haben keinen Bedarf.«
- »Das interessiert uns nicht.«
- »Ich habe dafür keine Zeit.«

Sie kennen diese Reaktionen sicher zur Genüge, und Sie werden sicherlich immer wieder damit konfrontiert werden. Die Frage ist nur, wie Sie damit umgehen. Die Lösung liegt hier – genau wie bei den Meinungsverschiedenheiten – in der Art und Weise unserer Reaktion.

Einwände signalisieren, dass es noch offene Fragen, Zweifel oder Unsicherheit gibt. Reagieren Sie bitte stets positiv und mit der größten Selbstverständlichkeit darauf.

Mit Einwänden anderer müssen Sie immer rechnen. Auch wenn Sie sich die größte Mühe machen, bleiben diese nicht aus. Und ob ein Einwand nun berechtigt oder unberechtigt erfolgt, ist zweitrangig. Wirklich entscheidend ist, dass Sie diesen nicht im Raum stehen, sich nicht persönlich verunsichern und sich nicht sofort von Ihren Zielen abbringen lassen. Bitte versuchen Sie, Einwände als eine Selbstverständlichkeit anzusehen, begrüßen Sie sie sogar, und reagieren Sie stets positiv darauf. Denn im Gegensatz zu der weitverbreiteten Einstellung, Einwände seien etwas Lästiges, Störendes, Negatives können Sie eine neue Sicht der Dinge entwickeln und sie anders betrachten: als natürliche ungeklärte Frage, fehlende Information, in jedem Fall als ein Bekunden von Interesse.

> **Ihre positive Reaktion auf einen Einwand ist die beste Basis für eine neue (Verkaufs-)Chance.**

Wie also gestalten wir unsere Reaktion auf Einwände, so dass sie zu neuen (Verkaufs-)Chancen werden? Wie reagieren wir so darauf, dass unser Gespräch trotzdem positiv verläuft? Es ist ganz einfach. Spielen wir ein konkretes Beispiel durch.

Sie haben dem Kunden Ihr Produkt präsentiert. Er wendet ein: »Ihr Produkt ist zu teuer!« Nun gibt es zwei Möglichkeiten, wie Sie auf diesen Einwand souverän reagieren können.

- *Variante1!*
  Sie zeigen *Verständnis* und schaffen die Verbindung zu einer neuen *Lösung,* einem *anderen Gedanken* oder einer *neuen Bedeutung.*
  Ihre Antwort: »*Ich verstehe* gut, dass Sie auf den Preis achten, *und* genau deshalb sollten wir über die *langfristigen Einsparungen* reden, die Sie mit unserem Produkt erzielen können.«

- *Variante 2!*
  Sie zeigen Ihr *Verständnis* und *hinterfragen* den Einwand, um so die wahren Beweg- bzw. Hintergründe zu erfahren.

Sie sagen: »*Ich verstehe* gut, dass Sie auf den Preis achten. Was verstehen Sie unter teuer? Womit vergleichen Sie uns?«

Auf Einwände reagieren Sie positiv, indem Sie:

1. in jedem Fall Verständnis zeigen
und
2. mit einem »und« die Verbindung zu neuen Gedanken, Lösungen und Bedeutungen schaffen
oder
3. die Beweg- bzw. Hintergründe hinterfragen.

Durch das Verinnerlichen dieser Strategie bauen Sie bei zukünftigen Einwänden ein hohes Maß an Sicherheit, Souveränität und neuem Erfolgspotenzial auf. Denn in vielen Situationen, in denen Sie bislang vielleicht kapituliert haben, werden Sie jetzt weiterkommen. Sie nehmen den Einwänden durch Ihre positive Reaktion jegliches Konfliktpotenzial, halten die konstruktive, lösungsorientierte Atmosphäre aufrecht.
Zu beiden Varianten erhalten Sie nun einige wertvolle Lösungsvorschläge.

Variante 1!
• »*Ihre Meinung* ist interessant und ...«
• »Ich *verstehe Sie* sehr gut und ...«
• »Das *sehe ich ein* und ...«
• »Ich *stimme Ihnen zu* und ...«
• »Ich *respektiere Ihre Ansicht* und ...«
• »Mir *geht es genauso* und ...«

Variante2!
Zunächst zeigen Sie Ihr Verständnis (Variante 1).
Dann hinterfragen Sie den Einwand sehr gezielt.

Beispielfragen, um richtig zu reagieren, sind:

1. »Was meinen Sie genau mit ...«
2. »Was bedeutet für Sie ... genau?«

3. »Was schlagen Sie stattdessen vor?«
4. »Wie sollten wir Ihrer Meinung nach vorgehen?«
5. »Welche Alternativen fallen Ihnen ein?«
6. »Womit vergleichen Sie...?«
7. »Was würden Sie an meiner Stelle tun?«
8. »Was können wir tun, damit Sie einverstanden sind?«
9. »Wie würden Sie die Sache angehen?«
10. »Was hält Sie davon ab...?«
11. »Was würde geschehen, wenn...?«
12. »Könnten Sie mir bitte die Gründe für Ihren Einwand nennen?«
13. »Was ist denn für Ihre Zufriedenheit wichtig?«
14. »Wann darf ich Sie wieder anrufen?«
15. »Welche Fragen sind denn noch offen?«
16. »Was hält Sie von einer Entscheidung für... ab?«
17. »Was steckt hinter Ihrer Frage?«
18. »Warum möchten Sie...?«
19. »Warum denken Sie, dass ich...?«
20. »Woran orientieren Sie sich?«
21. »Was wäre, wenn wir es so machen könnten?

Einwände Ihres Gesprächspartners sind letztendlich
versteckte Wünsche. Finden Sie eine Lösung, die diese
Wünsche mit Ihren Zielen verbindet.

Wirkungsvolle Antworten auf typische Einwände

1. »Schicken Sie mir erst einmal Unterlagen.«

- »Sehr gerne. Was interessiert Sie denn ganz besonders?«
- »Gerne. Interessiert Sie eher... oder doch...?«
- »Natürlich. Was genau darf ich Ihnen denn zuschicken?«

2. »Ich habe im Moment keine Zeit.«

- »Wann darf ich mich wieder bei Ihnen melden?«
- »Das verstehe ich. Wann sieht es bei Ihnen besser aus?«

- »Was schlagen Sie vor, wie wir weiter vorgehen?«

3. »*Ich habe kein Interesse.*«

- »Darf ich fragen, warum?«
- »Interessant. Könnten Sie mir bitte die Gründe nennen?«
- »Interessant. Haben Sie schlechte Erfahrungen gemacht?«
- »Sind Sie nur zur Zeit oder generell nicht interessiert?«

4. »*Wir sind mit unserem derzeitigen Betreuer zufrieden.*«

- »Zufrieden – in welcher Beziehung?«
- »Genau deshalb rufe ich Sie an. Sie wollen sicher erfahren …«
- »Ich gratuliere. Was ist Ihnen denn dafür besonders wichtig?«
- »Wunderbar. Wie denken Sie über eine tolle Alternative?«
- »Ist da nicht gerade ein leistungsfähiger Zweitlieferant wichtig, damit es so bleibt?«
- »Das ist prima. Wie sorgen Sie dafür, dass es auch so bleibt?«

5. »*Wir müssen darüber noch einmal nachdenken.*«

- »Das verstehe ich. Wann darf ich Sie wieder anrufen?«
- »Welche Fragen sind denn noch offen?«
- »Darf ich fragen, was Sie von einer Entscheidung abhält?«
- »Natürlich. Wer entscheidet denn außer Ihnen noch mit?«

6. »*Wir wollen erst noch den Wettbewerb hören.*«

- »Das verstehe ich. Wann treffen Sie Ihre Entscheidung?«
- »Das verstehe ich. Welche Fragen sind denn noch offen?«
- »Das empfehle ich Ihnen. Dann sehen Sie, wie gut unser …«

7. »*Wenn Sie 20 Prozent Rabatt geben, erhalten Sie den Auftrag.*«

- »Was steckt hinter Ihrer Frage?«
- »Warum möchten Sie einen Rabatt von 20 Prozent?«
- »Natürlich. Ist Ihnen der Preis oder die Qualität wichtiger?«

- »Warum denken Sie, dass ich diesen Rabatt geben kann?«
- »Gerne. Wie können wir die Leistung reduzieren?«
- »Natürlich. Wofür möchten Sie diesen Rabatt?«

8. *»Sie sind zu teuer.«*

- »Woran orientieren Sie sich?«
- »Im Vergleich wozu?«
- »Vergleichen Sie dieselben Qualitäten?«
- »Was bedeutet das?«
- »In welchen Teilen des Angebots?«

9. *»Ihr Preis ist zu hoch.«*

- »Ich verstehe. Um wie viel ist er Ihnen denn zu hoch?«
- »Ja und genau dafür erhalten Sie die beste Qualität.«
- »Ich verstehe Sie. Wie hoch haben Sie ihn denn erwartet?«
- »Ja, der Preis entspricht Ihren hohen Erwartungen an uns.«
- »Das kann ich verstehen. Wo können wir Abstriche machen?«

Entwickeln Sie möglichst sinnvolle eigene Lösungen für die Einwände, die typischerweise in Ihrem Umfeld vorkommen. Sie gewinnen dadurch Sicherheit und Souveränität.

✍ **Übung!***

Gehen Sie auf die Einwände gemäß Variante 1 oder 2 ein.

① Sie sind nicht kompetent genug.

....

....

---

* Lösungsmöglichkeiten finden Sie im Anhang. Seite 238

② Ihr Wettbewerber liefert zuverlässiger.

....

....

③ Ihre Aussage ist falsch.

....

....

④ Ich habe im Moment keine Zeit.

....

....

⑤ Ihr Preis ist viel zu hoch.

....

....

⑥ Ich habe kein Interesse.

....

....

⑦ Das kann ich nicht alleine entscheiden.

....

....

⑧ Ich muss noch einmal darüber nachdenken.

....

....

⑨ Sie hören wieder von mir.

....

....

⑩ Schicken Sie mir erst einmal Unterlagen.

....

....

⑪ Wenn Sie xy Prozent Rabatt geben, erhalten Sie den Auftrag.

....

....

⑫ Wir sind mit unserem derzeitigen Lieferanten sehr zufrieden.

....

....

> Der positive, souveräne Umgang mit Einwänden ist ausschließlich eine Frage der Einstellung und der Übung.

Die Tiefenstrukturen der Sprache erkennen

Im Folgenden geht es darum, Strategien zu entwickeln, wie Sie ein tieferes Verständnis für die Sprache anderer entwickeln können. Wenn Sie auf Ihr Gegenüber optimal einwirken wollen, ist es für Sie besonders wichtig zu erfahren, was es mit seinen Worten wirklich gemeint hat, was genau an Absichten, Zielen, Einschränkungen dahinter stecken. Erst wenn Sie das wissen, können Sie Ihre Aktionen bzw. Reaktionen eindeutig und wirkungsvoll steuern. Hinterfragen Sie stets:

- *unspezifische Verben.* Sie beschreiben Handlungen, die Sie völlig anders verstehen können, als derjenige, der sie ausgesprochen hat. Sie sind uneindeutig und lassen vieles offen. Wenn sich z. B. jemand gegen etwas »gewehrt« hat, wissen Sie noch lange nicht, was und wie er dies getan hat. Nur ein konkretes Nachfragen hilft.
- *unspezifische Substantive.* Das sind sehr uneindeutige, abstrakte Begriffe, die ebenfalls viele Interpretationen zulassen: Was ist für Sie z. B. Glück, Erfolg, Liebe, Stress, Selbstverwirklichung?
- *Verallgemeinerungen.* Sie schaffen Grenzen. Einzelne (negative) Erfahrungen sorgen für eingeschränkte Möglichkeiten in der Zukunft. Die Einstellung: »Das schaffe ich nie«, sorgt dafür, dass alles so bleibt, wie es ist.
- *Regeln.* Sie sind Beschränkungen, die uns am Handeln hindern. »Ich kann nicht …« bedeutet leider oft, dass man nicht mehr probieren wird.
- *Vergleiche.* Sie sind die Grundlage für die allermeisten menschlichen Entscheidungen. Die Frage ist nur, womit jeweils verglichen wird.

> Hinterfragen Sie immer sehr gezielt, wenn es um:
>
> - unspezifische Verben,
> - unspezifische Substantive,
> - Verallgemeinerungen,
> - Regeln,
> - Vergleiche geht.

Informationen, Absichten und Grenzen hinterfragen

Je intensiver Sie sich mit Ihrer Sprache auseinandersetzen, je besser und deutlicher Sie die Reaktionen anderer Menschen erkennen, desto häufiger werden Ihnen sprachliche Widerstände bzw. Ungenauigkeiten auffallen. Wenn Sie diese erkennen und gezielt darauf eingehen, dann erhalten Sie mehr Informationen und erreichen die eigenen Ziele schneller.

1. Unspezifische Verben – machen, beschäftigen, tun
Unspezifisch sind Verben dann, wenn jeder mit ihnen eine völlig andere Handlung verbinden kann. Zum Beispiel: »Ich habe mich dagegen *gewehrt*, mich *bedrängen* zu lassen.«
Sie wissen zunächst nur, dass es für diese Person wohl keine angenehme Situation gewesen ist, die sie schildert. Wie aber meinen Sie, hat sich die Person gewehrt? Mit Worten oder mit Taten? Was bedeutet es für Sie, bedrängt zu werden? Um diesen Satz besser zu verstehen, brauchen Sie einfach mehr Informationen.
Fragen Sie:

- »*Wie war* das genau?«
- »*Was genau* meinst Du mit gewehrt?
- »*Was heißt* für Dich bedrängt werden?«

> Unspezifische Verben lassen viele Informationen
> im Verborgenen.
> Hinterfragen Sie solche Begriffe mit:
>
> - Wie war das genau?
> - Was genau meinen Sie mit ...?
> - Was heißt für Sie ...?

2. Unspezifische Substantive – Punkt, Entscheidung, Optimum
Häufig können Sie über die Sprache erkennen, ob Ihr Gegenüber seine Wünsche, Ziele und Absichten in übergeordneten, unspezifischen Begriffen versteckt. Dies geschieht entweder aus reiner Bequemlichkeit oder weil der andere die tieferen Beweggründe

für bestimmte Handlungen nicht offenbaren will. Dazu ein Beispiel: Ihr Kunde sagt: »Sie haben leider nicht das *Optimum* erreicht.«

An dieser Aussage erkennen Sie natürlich sofort, dass Ihr Kunde mit Ihnen nicht zufrieden ist. Sie wissen allerdings noch nicht, warum genau er dies äußert, und was Sie in Zukunft unternehmen können, um seinen Erwartungen besser zu entsprechen. Fragen Sie:

- »*Wie meinen* Sie das?«
- »*Was genau* meinen Sie mit Optimum?«
- »*Was heißt* für Sie Optimum?«

Erst wenn Ihnen diese Fragen beantwortet werden, wissen Sie, was sich überhaupt hinter diesem unspezifischen Wort »Optimum« verbirgt. Erst dann können Sie einschätzen, ob der Kunde z.B. von realistisch erzielbaren Ergebnissen ausgeht. In jedem Fall wissen Sie zukünftig, ob und wie Sie darauf eingehen können.

> Punkt, Entscheidung, Ziel, Optimum, Strategie –
> hinterfragen Sie bitte solche ungenauen Begriffe mit:
>
> - »Wie meinen Sie das?«
> - »Was genau meinen Sie mit …?«
> - »Was heißt für Sie …?«

✍ **Übung!***

Hinterfragen Sie die unspezifischen Verben und Substantive in den folgenden Beispielsätzen:

① Mit Ihnen zu sprechen, ist immer ein Kampf.

....

....

---

* Lösungen siehe Anhang Seite 239

② Wir betrachten gerade verschiedene Alternativen.

....

....

③ Bitte lassen Sie uns endlich auf den Punkt kommen.

....

....

④ Wenn Sie sich nicht großzügig zeigen, dann ist Schluss.

....

....

⑤ Nur die richtige Entscheidung hilft uns noch zu überleben.

....

....

3. Regeln – *müssen, sollen, nicht können*

Unsere Sprache ist voll von solchen Wörtern, die deutlich zum Ausdruck bringen, dass wir etwas nicht gerne, nicht freiwillig tun oder es uns nicht zutrauen. Wenn Menschen diese Begriffe verwenden, gehen sie bewusst oder unbewusst davon aus, dass Sie in dieser Angelegenheit keine Wahl haben, die Dinge nicht ändern können und auch zukünftig keinen Einfluss darauf haben werden. Oder Sie deuten damit an, dass Sie ihren Gewohnheiten folgen. Ihr Gegenüber sagt beispielsweise: »Ich muss mir das noch einmal überlegen.«

Offensichtlich hält diesen Menschen irgendetwas davon ab, sich sofort zu entscheiden. Nun ist es für Sie doch wichtig herauszufinden, woran das liegt. Gibt es für dieses zögerliche Verhalten sachliche Gründe? Oder denkt derjenige einfach nur, dass es prinzipiell besser sei, sich nicht sofort zu entscheiden. Fragen Sie:

- »*Was würde* geschehen, wenn Sie sich jetzt entscheiden?«
- »*Was genau* hält Sie davon ab, sich jetzt gleich zu entscheiden?«
- »Können Sie sich an eine andere Situation erinnern, in der Sie sich sofort entschieden haben?«
- »*Was können* wir tun, damit Sie sich jetzt entscheiden?«

> Müssen, nicht können und sollen –
> hinterfragen Sie diese Regeln mit:
>
> - Was würde geschehen, wenn ...?
> - Was hält Sie davon ab ...?
> - Was können wir tun, damit ...?

✐ Übung!*

Bitte stellen Sie die Regeln in diesen Aussagen in Frage:

① Ich kann Dir dabei nicht helfen.

....

....

② Ich muss diese Sache zuerst erledigen.

....

....

③ Ich sollte mich mehr dafür engagieren.

....

....

---

* Lösungen siehe Anhang Seite 240

④ Es ist notwendig, dass wir diese Regeln beachten.

....

⑤ Ich weiß, dass ich etwas für meine Gesundheit tun muss.

....

4. *Verallgemeinerungen – man, nie, immer, alle, jeder, keiner*

Wenn Sie Ihre eigene Sprache und diejenige anderer Menschen einmal auf diese Begriffe hin unter die Lupe nehmen, dann werden Sie wohl aus dem Staunen nicht mehr herauskommen. Es ist für mich wirklich unglaublich und faszinierend zugleich, wie oft solche Verallgemeinerungen in der zwischenmenschlichen Kommunikation eingesetzt werden. Dabei werden aus einer oder wenigen Erfahrungen konsequente Schlussfolgerungen für alle ähnlichen Situationen in der Zukunft gezogen. Tatsache ist, dass wir uns selbst dadurch sehr stark einschränken. In unserer Wahrnehmung, unserem inneren Erleben und besonders auch in den äußeren Verhaltensmöglichkeiten. Ihr Gesprächspartner sagt Ihnen: »Das werde ich nie schaffen.« Das Wörtchen »nie« in diesem Satz drückt deutlich aus, dass der Mensch sich mit einer Situation bzw. Einschränkung abgefunden und arrangiert hat. Damit entzieht er sich und Ihnen auch für die Zukunft die Möglichkeit, über Lösungswege nachzudenken. Fragen Sie:

- »Was hält Sie davon ab, es zu versuchen?«
- »Wird es nie möglich sein, dass Sie es schaffen?«
- »Wirklich nie?«

> Man, jeder, alle, keiner, nie, immer – bitte hinterfragen Sie all diese negativen Verallgemeinerungen:
>
> - Was hält Sie davon ab ...?
> - Gab es schon mal eine Situation, in der Sie ...?
> - Keiner? Alle? Nie? Immer?

✍ **Übung!***

Hinterfragen Sie bitte nun diese Verallgemeinerungen:

① Immer, wenn ich Hilfe brauche, ist niemand zur Stelle.

....

....

② Man soll den Tag nicht vor dem Abend loben.

....

....

③ Alle Menschen wissen selbst, was gut für sie ist.

....

....

④ In dieser Angelegenheit kann mir keiner helfen.

....

....

⑤ Ich weiß nie, was ich zuerst tun soll.

....

....

----

* Lösungen siehe Anhang Seite 240

5. *Vergleiche* – *besser, schneller, leichter, teurer*

Sie unterhalten sich mit Ihrem Partner über Urlaub. Ihr Partner sagt: »Also der nächste Urlaub muss *besser* werden.« Schauen Sie sich diese Aussage einmal näher an. Welche Informationen haben Sie überhaupt erhalten? Nur die, dass es um den letzten und den nächsten Urlaub geht. Doch was Ihrem Partner nicht gefiel, womit er vergleicht, was besser werden soll und wie Sie dazu beitragen können, wissen Sie noch nicht.

Fragen Sie:

* »Womit vergleichst Du?« Oder:
* »Besser als was?«

Indem Sie das Wort »besser« gezielt hinterfragen, erhalten Sie die fehlenden Informationen. Sie denken lösungs- und handlungsorientiert und zeigen dem Partner dadurch echtes Interesse.

> Besser, schneller, teurer –
> hinterfragen Sie bitte stets Vergleiche mit:
>
> * »Verglichen womit?«
> * »Besser als was?«
> * »Was heißt für Sie besser?«

✍ **Übung!***

Hinterfragen Sie nun bitte die Vergleiche in diesen Sätzen:

① Ich entscheide mich nur für das günstigste Angebot.

....

....

---

* Lösungen siehe Anhang Seite 241

② Dieser Roman ist der beste, den ich bisher gelesen habe.

....

....

③ Unser nächster Urlaub wird völlig anders.

....

....

④ Das Auto der Konkurrenz lässt sich viel leichter fahren.

....

....

⑤ Zu Hause erlebe ich die schönste Zeit.

....

....

Unspezifische Sprache im Verkauf richtig nutzen

Sie haben gerade erkannt, wie wichtig es sein kann, die unspezifische Sprache anderer zu hinterfragen, um deren Gedanken und Motive besser zu verstehen und z. B. das Kaufmotiv eines Kunden eindeutig herauszufinden. Umgekehrt können Sie selbst diese unspezifische Sprache auch sehr bewusst einsetzen. Gerade am Anfang eines (Verkaufs-)Gespräches oder einer Präsentation vor mehreren Personen kann es für Sie besonders wichtig sein, dass Sie noch Raum für Deutungen offen lassen und sich zu diesem Zeitpunkt nicht schon all zu sehr festlegen.

> Zu Beginn eines (Verkaufs-)Gespräches kann eine
> unspezifische Sprache besonders wertvoll sein,
> um nicht zu früh zu polarisieren.

Denn so entscheidend es für Sie selbst ist, die (Kauf-)Motive des bzw. der anderen zu erkennen, so gefährlich kann in diesem frühen Stadium ein zu klarer Standpunkt Ihrerseits sein. Wenn Sie gleich am Anfang des Gespräches mit sehr eindeutigen, polarisierenden Aussagen beginnen, dann spalten Sie die Zuhörer möglicherweise bereits zu einem Zeitpunkt, der für Sie mehr als ungünstig ist. Dazu zwei Beispiele: Der Verkäufer A beginnt seine Präsentation mit den Worten:

Person A: »Hier ist unser neuestes Produkt. Es kommt gerade aus der Entwicklung, zeichnet sich durch 25 innovative Funktionen aus und sorgt dafür, dass Sie am Markt auffallen werden.«

Sicher haben Sie bemerkt, wie aufgeregt und fasziniert dieser Verkäufer von seinem neuen Produkt ist. Das ist natürlich verständlich und zeichnet diese Person einerseits sehr aus. Andererseits sind es die Kunden, die Ihr Produkt kaufen sollen. Daher ist es nicht so entscheidend, wie sehr Sie selbst Ihr Produkt oder Dienstleistungsangebot schätzen, sondern sehr viel bedeutender ist, was Ihre Kunden davon halten. Die eigenverliebte, spezifische Eröffnung des Verkaufsgespräches, wie oben dargestellt, finde ich in der Praxis häufig vor. Und so schön die Begeisterung des Verkäufers auch ist, so groß ist das Risiko, das er damit eingeht, auch Skepsis zu erzeugen. Schauen wir uns seine Worte nochmals genauer an und markieren die Schlüsselbegriffe:

Person A: »Hier ist unser neuestes Produkt. Es *kommt gerade* aus der *Entwicklung*, zeichnet sich durch 25 *innovative Funktionen* aus und sorgt dafür, dass Sie am Markt *auffallen* werden.«

Wie können Sie wissen, ob gerade Neukunden oder Erstinteressenten aufgeschlossen für »Neuheiten« sind? Möglicherweise macht die Aussage »kommt gerade aus der Entwicklung«, den Kunden eher misstrauisch. Er will kein Versuchskaninchen spielen. Und ob er am Markt »auffallen« will, wissen Sie ebenfalls nicht. Wenn Sie Pech haben, verspielen Sie schon hier die Chance, die wesentlichen Vorzüge Ihres Produktes für den Kunden herauszuarbeiten. Er ist bereits voreingenommen und verhält sich ablehnend. Verkäufer B wählt die unspezifische Variante:

Person B: »Unser aktuelles Produkt ist für Sie genau das *richtige,* wenn Sie *das Optimum* wollen. Es wurde um *wichtige Funktionen* ergänzt und liefert Ihnen den *entscheidenden Vorsprung*.«

Dieser Verkäufer geht am Anfang seiner Präsentation erst einmal auf Nummer Sicher. Er will einerseits natürlich, genau wie A, Interesse wecken und andererseits Zeit gewinnen, um die Wünsche des Kunden kennen zu lernen und seine Verkaufsstrategie darauf abzustimmen. Daher spricht er auch sehr geschickt von »das richtige«, »vom Optimum«, »von den wichtigen Funktionen« und dem »entscheidenden Vorsprung«. Diese Vorteile wünscht sich jeder Mensch, so auch dieser Kunde. Gleichzeitig bleiben seine Aussagen auf einer unverbindlichen Ebene, lassen Raum für unterschiedliche Deutungen. Diese können Sie dann in Ruhe gemeinsam, ganz einfühlsam, mit dem Kunden erarbeiten.

Intensivieren, personifizieren – dramatisieren Sie!

Besonders dann, wenn Sie Rat und Unterstützung von anderen Menschen benötigen, sollten Sie Ihr Anliegen sehr eindrucksvoll vortragen. Wichtig ist dabei natürlich das inhaltliche Ziel. Es kommt jedoch auch ganz besonders darauf an, dass Sie Ihr Gegenüber so intensiv erreichen, dass es Ihnen auch wirklich helfen will. Lesen Sie zunächst diesen typischen Dialog:

Beispiel!

Person A: »Also ich komme mit dieser Sache einfach nicht weiter. Daher bin ich heute hier. Vielleicht haben Sie eine gute Idee, was ich noch ausprobieren könnte.«

Person B: »Erzählen Sie doch einmal genauer, worum es geht.«

Person A: »Ja, ich arbeite gerade an meinem nächsten Vortrag. Das Thema ist die erfolgreiche Kommunikation. Es soll ein spannender Vortrag werden. Haben Sie da eine Idee?«

Person B: »Wissen Sie, dazu müsste ich mich genauer einarbeiten. Das kostet viel Zeit, die ich momentan nicht habe.«

Person A bittet einen Experten um einen Rat, wie Sie einen besonders spannenden Vortrag aufbauen kann. Allerdings auf eine Art und Weise, die nicht sehr eindringlich wirkt und dem Ansprechpartner auch nicht gerade das Gefühl gibt, in dieser Situation wichtig und unersetzbar zu sein. Was fehlt, ist die Intensität, die Dramaturgie und die personalisierte Ansprache, die den anderen zum Handeln motivieren soll. Der Dialog findet fast nur auf der Sachebene statt. Zur viel bedeutenderen Ansprache auf der Beziehungsebene kommt es nicht. Und letztendlich wird sogar das Gefühl vermittelt, dass sich Person A den Rat ansonsten auch woanders holen wird. Wie soll die andere Person darauf reagieren?

> Immer, wenn Sie andere Menschen motivieren wollen, Ihnen zu helfen, sollten Sie diese sehr intensiv, persönlich und zeitbezogen ansprechen.

Das Gespräch hätte viel eindringlicher und wirkungsvoller geführt werden können. Sie werden sehen, dass Kleinigkeiten in der Wortwahl hier wieder einmal den großen Unterschied ausmachen:

Person A: »Also ich komme mit dieser *wichtigen* Sache einfach *alleine* nicht weiter. Daher wende ich mich heute *an Sie, Herr B*. *Bestimmt* haben Sie aus Ihrer *wertvollen Erfahrung* eine *ganz besondere* Idee, wie ich vorgehen kann.«

Person B: »Erzählen Sie doch einmal genauer, worum es geht.«

Person A: »Ja, ich arbeite gerade an meinem nächsten Vortrag. Das Thema ist die erfolgreiche Kommunikation. Es soll ein spannender Vortrag werden. *Dafür sind Sie ja bekannt*.«

Person B: »Nun ja, ich amüsiere meine Zuhörer immer mit ein paar interessanten Leckerbissen. Zu Ihrem Thema fällt mir da ganz spontan z. B. ein, …«

Bemerken Sie den Unterschied zum ersten Gespräch. Person A macht ihr Anliegen diesmal ganz besonders *wichtig*. Sie appelliert an die Hilfsbereitschaft von B, indem sie offen eingesteht, dass sie *alleine* nicht zurecht kommt. Außerdem suggeriert sie durch *bestimmt* eine positive Erwartungshaltung, erinnert an die *wertvolle* Erfahrung, bittet um *eine ganz besondere Idee*.

Spätestens als der Redner sein Ziel, eine spannende Rede hervorzubringen, mit dem Können der Person B (»dafür sind Sie ja bekannt«) verbindet, ist ihm dessen Unterstützung sicher.

Natürlich ist dies ein willkürliches, vielleicht etwas zu konstruiertes Beispiel. Und doch zeigt sich in der Praxis immer wieder, dass eine solche Strategie hervorragend funktioniert. Immer dann, wenn Sie Ihren Gesprächspartner wirklich in seinem tiefsten Inneren erreichen, ihn an seine persönlichen Erfahrungen und Erfolge und an sein Können erinnern, wird er Sie auch nach Kräften unterstützen. Appellieren Sie immer an die Basisinstinkte Ihrer Mitmenschen, und vertrauen Sie sich Ihnen an.

> Machen Sie Ihr Anliegen aktuell und besonders wichtig. Appellieren Sie an das Können anderer.

Ein zweites Beispiel!
Sie wollen einen wichtigen Neukunden gewinnen. Zunächst brauchen Sie einen Termin. Der Kunde ist oft unterwegs, Sie erreichen immer seine persönliche Assistentin.

Person A: »Guten Tag, meine Name ist ... Ist Herr Z zu sprechen?«

Person B: »Worum geht es denn?«

Person A: »Ich möchte mit Herrn Z gerne einen Termin vereinbaren.«

Person B: »Herr Z ist zur Zeit außer Haus.«

Person A: »Wann ist er denn wieder zu erreichen?«

Person B: »Das kann ich Ihnen nicht genau sagen. Am besten probieren Sie es einfach noch einmal. Vielleicht ist er dann da.«

Person A: »Gut. Ich rufe wieder an. Auf Wiederhören.«

Auch hier wurde nicht viel dafür getan, um die sehr wichtige Ansprechpartnerin mit ins Boot zu holen. Dieses Gespräch ist für beide eines von vielen und verläuft im Sand. Schade, denn es ist sehr leicht, aus diesem Gespräch mehr herauszuholen!

Person A: »Guten Tag, meine Name ist ... Ist Herr Z jetzt zu sprechen?«

Person B: »Worum geht es denn?«

Person A: »Frau B, ich habe heute wichtige Neuigkeiten für Herrn Z. Es geht um ein neues Produkt. Das wird ihn interessieren.«

Person B: »Herr Z ist zur Zeit außer Haus.«

Person A: »Oh, das ist wirklich schade. Wir sollten bald einen Termin für ein Gespräch finden. Es wäre schön, wenn Sie uns dabei unterstützen. Würden Sie mir einen großen Gefallen tun?«

Person B: »Ja, wenn ich kann.«

Person A: »Danke. Schauen Sie doch bitte einmal in seinem Terminkalender nach, wann ich Ihn am besten erreiche.«

Person B: »Einen Augenblick. Also heute gegen 17 Uhr ist er wieder da.«

Person A: »Prima. Ich rufe dann um 17 Uhr an. Herzlichen Dank.«

Dieses Gespräch läuft völlig anders. Das Anliegen wird als wichtig dargestellt und die Assistentin zur Mithilfe motiviert.

Magic Words – so wird Ihre Sprache wertvoll

> Magic Words sind Schlüsselwörter, die den anderen auf der emotionalen Ebene erreichen.

Wenn wir miteinander reden, dann geschieht dies immer auf zwei Ebenen: Einerseits transportieren wir Informationen, also sachliche Inhalte auf der Sachebene, auf der anderen Seite wecken wir mit unseren Worten bei anderen immer auch Erinnerungen, Vorstellungen und Assoziationen, also neutrale, positive oder negative Gefühle. Dies passiert auf der emotionalen Beziehungsebene. Und diese ist es, die letztendlich über den Erfolg unserer Kommunikation entscheidet. Denn nur dort erreichen wir den Gesprächspartner wirklich in seinem tiefsten Inneren, treffen, bewegen, erfreuen oder überzeugen ihn. Die Schlüssel dazu sind die Magic Words.

> Magic Words sind das Salz in der Suppe. Sie machen aus Wörtern fantastische Bilder.

Mit Magic Words erreichen Sie Ihren Gesprächspartner sehr viel schneller und ganz besonders intensiv. Magic Words sind magische Schlüsselwörter. Der wertvolle Katalysator, um in Menschen ein Feuerwerk an Bildern, Gefühlen und Reaktionen zu entfachen.

Auf der emotionalen Ebene sind wir Menschen nun einmal

am einfachsten und wirkungsvollsten zu erreichen und reagieren auch am intensivsten. Denken Sie nur einmal an das herrliche Gefühl, als sie frisch verliebt waren. Oder an Ihre Verzweiflung, als Sie von einem früheren Partner verlassen wurden. Was waren in diesen beiden Augenblicken sachliche Argumente, Fragen oder auch Zwänge noch wert? Unsere Gefühle können ganz andere Höhen und Tiefen annehmen, viel stärker ins Positive oder Negative umschlagen als der reine Sachverstand. Also haben wir auch genau auf dieser Ebene die allerbesten Chancen, Menschen zu motivieren, für unsere Argumente zu begeistern und für gemeinsame Ziele zu gewinnen.

> Magic Words wecken in anderen Menschen sehr positive Erinnerungen, Assoziationen und Vorstellungen. Das Ergebnis: Glücksgefühle!

Dazu einige Beispiele:

- **Aus:** »Sie hören heute Abend einen Vortrag über Kommunikation. Ich möchte Sie darüber informieren, was Sie beachten sollten.«
- **wird:** »Heute erleben Sie einen *spannenden Kurzurlaub. Genießen Sie die herrliche Reise* durch die *Geheimnisse* der Kommunikation.«
- **Aus:** »Ich möchte Ihnen jetzt meine Resultate vortragen. Wir sind in einigen Punkten einen wesentlichen Schritt weitergekommen.«
- **wird:** »Jetzt kommen Sie in den *Genuss* der wichtigsten Ergebnisse. Wir haben durch *fantastische* Arbeit *kostbare* Erfolge erzielt.«

Welche Variante haben Sie mit größerer Begeisterung gelesen? Mit Magic Words sprechen Sie die fünf Sinne an. Sie machen Ihre sachlichen Aussagen emotional erlebbar, greifbar, sichtbar und aufregend. Ganz besonders wertvoll werden Magic Words für Sie dann, wenn Sie diese sehr bewusst einsetzen, um Ihre

Argumente noch kostbarer zu machen, Sie geradezu zu garnieren. Und sie mit Ihrer Stimme sehr deutlich betonen. Durch diese Zauberwörter machen Sie aus Worten sinnliche Fantasiereisen.

Denken Sie in diesem Zusammenhang auch an das Framing Ihrer Gesprächseröffnung und an die drei wichtigsten Highlights bei Ihren ankündigenden Überschriften.

Magic Words sind Wörter wie:

- angenehm, aufregend, anspruchsvoll, atmosphärisch, attraktiv;
- bereichernd, beruhigend, begeisternd, bunt;
- entspannend, Entspannung, Erlebnis, erleben;
- fantastisch, Fantasie, farbenfroh, frei;
- Geheimnis, geheimnisvoll, genießen, Genuss, genussvoll, Gipfel;
- hell, herausfordernd, Herausforderung, herrlich, herzlich, Horizont;
- idyllisch, Idylle;
- klar, kostbar, Kostbarkeit;
- lebendig, leicht, leuchtend, Liebe, liebvoll, Lust, lustvoll;
- magisch, Magie, motivierend;
- packend, Paradies, prickelnd;
- rassig, rauschend;
- schillernd, spannend, spielerisch, Spiel, Spitze, sprudelnd, strahlend;
- toll;
- Urlaub;
- versteckt, Versteck;
- weich, wertvoll, wohltuend, wundervoll, wunderbar, wohlschmeckend, wohlklingend;
- zauberhaft, Zauberei.

Die Negation als Störfaktor

Person A: »Denken Sie jetzt bitte *nicht* an Urlaub.«
Person B: »Ärgern Sie sich bitte *nicht* über den letzten Strafzettel.«
Person C: »Stellen Sie sich bitte *nicht* eine schwarze Katze vor.«
Person D: »Der große Hund jagt Ihre kleine Katze *nicht*.«

Was ging in Ihnen vor, als Sie diese Sätze gelesen haben? Ist es Ihnen gelungen, *nicht* an Urlaub, Ärger, die schwarze oder die kleine Katze und den großen Hund zu denken? *Sicher nicht!*
Unser Gehirn funktioniert genau anders herum. Wir können uns nicht etwas nicht vorstellen. Sie können nicht »nicht denken«. Ganz im Gegenteil. Wir müssen uns sogar jedes Mal erst etwas vorstellen, aktuell ins Gedächtnis rufen, um es verstehen und dann tun oder aber vermeiden zu können. Wenn Sie also z. B. nicht an eine schwarze Katze denken sollen, dann müssen Sie sich diese zunächst einmal im Geiste vorstellen und können dieses Bild erst dann aktiv beiseite legen. Das heißt allerdings, in Ihrem Unterbewusstsein, in Ihren Denkstrukturen wird genau das intensiviert, wovon Sie sich loslösen sollen.
Indem Sie Negationen vermeiden, profitieren Sie mehrfach:

1. Sie denken geradliniger, positiv und selbstmotivierend.
2. Sie schenken Ihrem wahren Ziel die volle Beachtung.
3. Sie ersparen auch anderen mühsame gedankliche Umwege.

Ein Beispiel zeigt, wie Sie Negationen umformulieren können:
Aus »Sie müssen sich nicht beeilen« wird »Lassen Sie sich Zeit.«

> Negationen sind wertlose, demotivierende und störende sprachliche Gewohnheiten. Negationen bewirken leider genau das, was Sie nicht wollten.

✍ **Übung!***

Formulieren Sie diese Sätze positiv:

① Ich will nicht mehr faulenzen.

....

....

② Ich kann nichts mehr essen.

....

....

③ Ich will Sie nicht ärgern.

....

....

④ Wir sollten nicht drumherum reden.

....

....

⑤ Ich darf nicht mehr zu spät kommen.

....

....

---

* Lösungen siehe Anhang Seite 241

⑥ Ich will keine Angst mehr haben.

....

....

⑦ Ich will mich nicht mehr langweilen.

....

....

Souveränität statt Schlagfertigkeit

Sie können tun, was Sie wollen: Sobald Sie mit anderen Menschen in Kontakt treten, passiert es immer wieder einmal, dass Sie unfair oder sogar aggressiv angegriffen werden. Solche Attacken bringen uns sehr schnell aus dem Gleichgewicht, verunsichern uns und zeigen uns die persönlichen Grenzen auf. Und nicht zuletzt spielt immer auch die Angst mit, sich vor anderen Menschen zu blamieren, nicht schlagfertig genug zu sein.
Schauen wir uns eine solche Situation näher an. Was passiert, wenn Sie Ihr Gesprächspartner unfair oder aggressiv angreift? Ein solches Verhalten hat meistens eine dieser beiden Ursachen:

1. Er ist selbst gerade außer Kontrolle (Wut, Ärger …).
2. Er geht bewusst vor, um Sie außer Kontrolle zu bringen.

Verhalten 1 ist von emotionaler Qualität. Dieser Mensch ist in dem Moment verärgert, wütend, verzweifelt oder enttäuscht. Er ist innerlich aufgebracht, sein Verhalten ein Mangel an anderen Möglichkeiten, sein Angriff ein reines Abreagieren. Diese Situation erkennen Sie meistens daran, dass Sie sehr persönlich angegriffen werden.
Verhalten 2 hat einen stark rationalen Charakter. Dieser Mensch geht sehr bewusst vor und verfolgt durch seinen Angriff ein ganz bestimmtes Ziel. Er könnte anders, aber er will sich hier ge-

nau so zeigen. Er attackiert zumeist Ihre Argumente, Produkte etc.

Sicher erkennen Sie bereits, dass auf diese beiden Situationen eine völlig unterschiedliche Reaktion Ihrerseits angemessen ist. In der ersten Situation sollten Sie zum Ziel haben, den anderen zu beruhigen, zu unterstützen oder zu trösten. Auch wenn er sich Ihnen gegenüber gerade offensichtlich negativ und aggressiv verhalten hat, so war seine Handlung doch ein Zeichen seiner emotionalen Hilflosigkeit. Nehmen Sie seine Worte bitte nicht persönlich, gleichen Sie sich ihm so gut wie möglich an, hinterfragen Sie seine Situation, und gehen Sie dann ganz langsam dazu über, ihn in einen positiveren Gefühlszustand zu führen. Jegliche Reaktion auf den persönlichen Angriff wäre sinnlos.

Anders verhält es sich in der zweiten Situation. Ihr Gegenüber attackiert Sie bewusst. Er verfolgt ein bestimmtes Ziel – und sei es nur, um die eigenen (fachlichen) Schwächen zu überspielen. Dieser Mensch will Sie aus dem Takt bringen, sich so in den Vordergrund stellen und sich persönliche Vorteile verschaffen. Er geht davon aus, dass auf seine Attacke eine typisch menschliche Reaktion folgen wird: Gegenangriff, Rechtfertigung oder Resignation. Nun liegt es ganz allein bei Ihnen: Gehen Sie auf seinen versteckten Wunsch ein, oder verhalten Sie sich ganz anders? Geben Sie dem anderen den gewünschten Vorteil oder machen Sie diese Situation zu Ihrem persönlichen Triumphzug? Denken Sie jetzt bitte wieder an unser (Un-)Glücksquadrat.

Glücksquadrat

Denken　　　Fühlen

Verhalten　　Erleben

Wenn wir uns unbewusst treiben lassen, dann werden wir zum Spielball unserer Gefühle. So ist unsere typische Reaktion auf

149

Angriff Verteidigung, auf Provokation Aggression, und auf Übermacht Resignation. Sie haben eine wertvolle Möglichkeit, dies anders zu gestalten. Sie kennen nun den Zusammenhang, können das automatisierte Negativprogramm zu jedem Zeitpunkt bewusst unterbrechen bzw. verlassen. Wann immer Sie sich provoziert oder unfair angegriffen fühlen, denken Sie bitte daran: Sie können sich jetzt ärgern, verteidigen, geschlagen geben – oder Sie lächeln, erst nur innerlich und dann auch sichtbar. Weil Sie wissen, dass Sie anders auf diese Provokation reagieren können, als es erwartet wird, sind Sie stark. Sie beenden das Negativprogramm, noch ehe es begonnen hat und verhalten sich so souverän, dass Ihr Gegenüber aus dem Gleichgewicht kommt. Denn genau auf eine solche Reaktion Ihrerseits ist er nicht vorbereitet. Sie haben jetzt Vorsprung, nehmen das Zepter, die Gesprächs-führung wieder in die Hand und agieren positiv.

Souveränität ist hier das Schlüsselwort. All zu oft wird im Zusammenhang mit unfairen Attacken mehr Schlagfertigkeit empfohlen. Sie entnehmen schon der wörtlichen Bedeutung dieses Begriffes, warum ich Ihnen jetzt davon abrate, damit zu operieren. Schlagfertigkeit heißt nichts anderes, als die Kunst des Zurückschlagens zu praktizieren. Und gerade im Sinne von »Gleiches nicht mit Gleichem vergelten« halte ich dies weder für konstruktiv noch für ein Zeichen von Souveränität. Und erreichen werden Sie mit Ihrem Zurückschlagen auch nichts, außer dass Sie vielleicht ihr Rachegefühl befriedigen können. Den inneren Frieden finden Sie viel schneller, nämlich sofort, wenn Sie sich Ihr Glücksquadrat in solchen Situationen immer wieder vor Augen halten und sich so daran erinnern, dass Sie der Herr Ihrer Gefühle bzw. Reaktionen sind und sich nicht gerne von anderen Menschen bestimmen lassen.

Mit etwas Übung kann Sie Ihr neues Wissen sogar ganz automatisch zum Lachen bringen. Dann, wenn Sie ein Bild von einer vergangenen typischen Ärgersituation vor Augen haben und Ihr Verhalten heute so lustig finden, dass Sie darüber nur noch herzhaft lachen können. Der wahre Erfolg in einer provozierenden Gesprächssituation liegt also weniger in der verbalen, als vielmehr in der inneren positiven Reaktion. Und wenn Sie dann noch unerwartet positive und konstruktive Worte finden, dann sind Sie wirklich unschlagbar.

> Zeigen Sie Souveränität anstatt Schlagfertigkeit.

Verwenden Sie versteckte Botschaften

Ihre Wirkung auf Menschen und wie gut Sie sie überzeugen können, hängt sehr stark von Ihrer inneren Erwartungshaltung ab. Je sicherer Sie sich Ihrer eigenen Ziele sind und je mehr Sie auch von einer positiven Reaktion anderer ausgehen, desto eher werden Ihre Wünsche wahr. Nutzen Sie daher die wertvolle Möglichkeit, Ihre Absichten bzw. Ziele auf eine ganz subtile, eine positive Reaktion voraussetzende Art und Weise, quasi als Ja-Botschaft an andere zu senden. Einige Beispiele zeigen Ihnen dies:

1. »Schön, dass wir uns heute treffen, um über die aktuelle Situation zu sprechen. *Gleich nachdem* wir uns heute auf den neuen Finanzvorstand *geeinigt haben,* besprechen wir … »

   ⇒ »Gleich nachdem wir uns… geeinigt haben« suggeriert eine selbstverständliche positive Erwartungshaltung, nämlich, dass man noch heute zu einer Einigung kommen wird.

2. »*Bevor Sie mir anschließend* interessante Fragen zu diesem Thema stellen, lassen Sie uns zunächst …«

   ⇒ »Bevor Sie mir …« erinnert an die Möglichkeit, Fragen zu stellen und motiviert zum Handeln. Eine besonders interessante Variante zu: »Haben Sie noch Fragen?«

3. »Wenn wir *die letzten zehn Minuten* nutzen, dann können wir …«

   ⇒ »Die letzten zehn Minuten« sendet die eindeutige Botschaft: Achtung, wir haben noch zehn Minuten. Lasst sie uns nutzen.«

4. »Bevor Sie sich *dafür entscheiden,* fassen wir zusammen.«

   ⇒ »Bevor ... dafür entscheiden« suggeriert wieder die positive Erwartungshaltung, die keine Zweifel provoziert.

5. »*Sobald Sie mir zustimmen,* werden Sie erkennen, dass ...«

   ⇒ »Sobald Sie mir zustimmen« macht die Zustimmung zu einem erstrebenswerten Zielzustand, der sich lohnt, nötig.

6. »Sie als Fachmann *wissen natürlich,* dass wir ...«

   ⇒ Sie appellieren hier an den Sach- und Fachverstand.

7. »*Bevor Sie selbst erkennen,* dass es so ist, können wir ...«

   ⇒ Sie motivieren Ihr Gegenüber zur selbstständigen Entscheidung, und gehen davon aus, dass diese in Ihrem Sinne ausfällt.

8. »Wenn wir ... *festgelegt haben,* dann können wir ...«

   ⇒ Mit dieser Formulierung zeigen Sie deutlich, dass die Festlegung für Sie nur noch eine Frage der Zeit ist.

9. »Wenn Sie sich *für das Richtige entscheiden,* dann werden ...«

   ⇒ In dieser subtilen Botschaft steht »das Richtige« natürlich für Ihre Meinung, Ihr Produkt usw. Alles wirkt wie ein freier Entschluss. Sie stellen danach eine Belohnung in Aussicht.

10. »Sobald Sie *alles erledigt haben,* können wir uns treffen.«

    ⇒ Auch hier verbinden Sie eine versteckte Aufforderung mit einer anschließenden Belohnung. Dies wirkt motivierender als: »Erledigen Sie erst mal alles. Dann treffen wir uns.«

11. »Bevor Sie *in den Genuss kommen,* sollten wir ...«

    ⇒ Hier ist es genau umgekehrt. Sie stellen den Nutzen, die Belohnung in den Vorderund und verbinden damit noch eine Kleinigkeit, die zuvor zu erledigen ist.

Arbeiten Sie mit versteckten Befehlen

Eine andere Möglichkeit, großen Einfluss auf Ihre Mitmenschen auszuüben, ist die Arbeit mit so genannten versteckten Befehlen. Dabei formulieren Sie Ihre feste Erwartung in verneinter Form:

1. »Ich möchte nicht, dass Sie sich *dafür entscheiden,* bevor Sie alle Argumente kennen.«
2. »Ich möchte nicht, dass Sie mir *jetzt zustimmen,* solange Sie noch Fragen haben.«
3. »Ich glaube nicht, dass Sie all diese sehr *wertvollen Vorteile* jetzt schon *erkennen.*«
4. »Ich verlange nicht, dass Sie sich jetzt gleich *hochmotiviert einsetzen,* bevor Sie die neue Aufgabe genauer kennen.«
5. »Ich weiß nicht, ob ich Sie zu ganz *besonderen Leistungen anspornen* kann.«
6. »Ich verlange nicht, dass Sie diese *große Begeisterung* sofort in sich *spüren.*«
7. »*Entscheiden Sie sich* nicht, ehe Sie ein gutes Gefühl haben.«
8. »Ich weiß nicht, ob ich Sie *für diese ganz besondere Aufgabe* sofort *gewinnen* kann.«
9. »*Denken Sie bitte* nicht sofort *an Ihre wertvollen Chancen.*«
10. »*Versuchen Sie* nicht, meine Gedanken *sofort* zu *verstehen.*«

Wie wirkt der versteckte Befehl auf andere?

- Genau die Erwartung, die Sie angeblich nicht haben, kommt bei anderen an.
- Wichtig ist, dass Sie diese sprachlich betonen.

23-mal: Worauf achten Sie besonders?

In diesem spannenden Quiz haben Sie nun die Gelegenheit, Ihr neues Wissen praktisch anzuwenden, zu testen und zu festigen. Bitte kreuzen Sie nur diejenigen Lösungen an, die Ihnen ganz besonders wichtig erscheinen. Bei manchen Fragen gibt es eine, bei anderen mehrere Lösungsempfehlungen. Sollten Sie einmal mit einer Frage nicht sofort zurechtkommen, überlegen Sie zunächst in Ruhe, und schlagen erst dann gegebenenfalls im dazugehörigen Kapitel nach. Beantworten Sie nun die folgenden Fragen. (Die Lösungen finden Sie im Anhang, Seite 242). Worauf achten Sie ganz besonders:

A. Vor der Gesprächssituation

   1. im Vorfeld des Gesprächs (Verhandlung, Präsentation, Vortrag).
     ❑ das Wetter   ❑ klare Zielsetzung
     ❑ gute Vorbereitung

   2. direkt vor dem Gespräch (Verhandlung, Präsentation, Vortrag…).
     ❑ die Tagespolitik   ❑ die Tageszeit
     ❑ positive Erwartung

B. Zu Beginn der Gesprächssituation

   1. bei der Begrüßung Ihres Gesprächspartners
     ❑ Blickkontakt   ❑ Lächeln
     ❑ Wortwahl

   2. in der Startphase des Gesprächs
     ❑ Argumente   ❑ viele Fragen

❏ positive Wahrnehmung ❏ Interesse wecken
❏ zur Sache kommen ❏ positive Stimmung

C. In der Gesprächssituation

1. in Bezug auf die namentliche Anrede des Gegenübers
   ❏ nur am Anfang ❏ nur zum Schluss
   ❏ immer mal

2. um Vertrauen und eine gemeinsame Wellenlänge aufzubauen
   ❏ viel reden ❏ Sicherheit zeigen
   ❏ sich angleichen

3. um sich dem Gegenüber anzugleichen
   ❏ Sachlichkeit ❏ Überzeugung
   ❏ Körpersprache ❏ Timing
   ❏ Sprache/Wortwahl ❏ Stimmung

4. während des gesamten Gesprächs
   ❏ die Reaktionen ❏ die Zeit
   ❏ Ihre Dominanz

5. bei der Darstellung Ihrer Argumente
   ❏ alle nacheinander ❏ die Reaktionen
   ❏ die Details

6. in Bezug auf Ihre Sprache
   ❏ viele Fachbegriffe ❏ klare Aussagen
   ❏ passendes Niveau

7. wenn Sie selbst sprechen
   ❏ laut sprechen ❏ kurze Sätze
   ❏ Betonungen ❏ hohe Stimme
   ❏ langsam reden ❏ Art und Weise

8. bei und nach jeder Ihrer Aussagen, Fragen, Argumente
   ❏ Blickkontakt ❏ Reaktionen
   ❏ gleich

9. in Bezug auf das Verhalten Ihres Gesprächspartners
   ❏ Mimik   ❏ Körpersprache
   ❏ seine Argumente

10. bei jeder Frage/Aussage Ihres Gesprächspartners
    ❏ das Wie   ❏ Körpersprache
    ❏ Ihr nächstes Argument

11. nach jeder Frage/Aussage Ihres Gesprächspartners
    ❏ selber reden   ❏ schweigen
    ❏ positiv quittieren

12. in Bezug auf Ihre Tendenz: Reden – Fragen – Zuhören
    ❏ viel reden   ❏ viel fragen/zuhören
    ❏ viele Aussagen

13. bei Einwänden und Widerständen
    ❏ übergehen   ❏ nicht akzeptieren
    ❏ positiv reagieren

14. bei Ihrer Reaktion auf Einwände und Widerstände
    ❏ Recht behalten   ❏ persönlich nehmen
    ❏ Verständnis zeigen

15. in Bezug auf unklare bzw. fehlende Informationen
    ❏ übergehen   ❏ selbst ergänzen
    ❏ gezielt hinterfragen

16. in Bezug auf Ihre Aussagen und Angaben
    ❏ Eindeutigkeit   ❏ möglichst vage
    ❏ Nutzen herausstellen

17. nach einer wichtigen Aussage, Ihrem Preisangebot usw.
    ❏ sofort erklären   ❏ gleich weiterreden
    ❏ Pause, ich schweige

18. in Bezug auf Ihre Fragen
    ❏ wenig fragen   ❏ offene Fragen
    ❏ geschlossene Fragen

19. am Ende des Gesprächs
    ❏ Fazit/Ergebnis   ❏ positive Stimmung
    ❏ Wertschätzung/Dank

Mit sieben Fragen schneller ans Verkaufsziel

Wenn Sie Ihr Produkt oder Ihre Dienstleistung sehr erfolgreich verkaufen wollen, ist es für Sie entscheidend, das Kaufmotiv und die Kaufstrategie des Kunden zu entschlüsseln. Durch gezielte Fragen können Sie vor dem eigentlichen Verkaufsgespräch so viele wertvolle Informationen sammeln, dass das anschließende Gespräch dann optimal auf diesen Kunden abgestimmt ist. Informationen zu sammeln, ist Ihre wichtigste Aufgabe, lange bevor Sie selbst informieren. Erst in dieser Reihenfolge treffen Ihre Argumente auch an der kaufentscheidenden Stelle. Natürlich haben Sie nicht immer schon zu Beginn des Gesprächs die Möglichkeit, alle Fragen sofort zu klären. Erfragen Sie zuerst die Ziele und Werte, den Rest im Gespräch.

1. Ermitteln Sie das Ziel: Was erwarten Sie von …?
Mit dieser Frage lenken Sie die Aufmerksamkeit des Kunden auf seine Absicht, die er mit dem Kauf verbindet. Außerdem erhalten Sie hier oft schon kaufentscheidende Informationen.

- Verkäufer: »*Was erwarten Sie von* einem Auto?«
- Kunde: »Es muss etwas *Besonderes* sein. Und exklusiv, ich will nicht in einem Allerweltsauto sitzen.«

Sie wissen nun, dass Ihr Kunde etwas *Besonderes, Exklusives* sucht. Das ist sein Ziel für den beabsichtigten Kauf. Gehen Sie auf diese Ziele ein, greifen Sie sie auf, und erfragen Sie dann seine Wertehaltung.

2. Erfragen Sie die Werte: Was ist Ihnen wichtig?
Nun geht es um die Werte, die hinter den Zielen stehen. Sie

erfahren mehr über Ihr Gegenüber und führen es noch näher an die Aspekte heran, die ausschlaggebend sind.

- Verkäufer: »Das kann ich gut verstehen. Mir macht es auch viel mehr Spaß, wenn ich kein Auto von der Stange vorführen soll. Bitte sagen Sie mir, was Ihnen daran so wichtig ist, *dass Sie ein besonderes Auto besitzen.*«
- Kunde: »Nun, ich achte auch bei meiner Kleidung und meinem gesamten Auftreten darauf, dass ich mich von der breiten Masse abhebe. Ich betrachte mich als Individuum und will dies auch nach außen zeigen.«

Mit diesen beiden Fragen und den entsprechenden Antworten verfügen Sie bereits über die wichtigsten Informationen, um die Präsentation erfolgreich und kundenspezifisch zu gestalten.

Natürlich würden Sie hier in der konkreten Situation zusätzlich Ihre neu erworbenen Kenntnisse über unspezifische Verben und Substantive anwenden und solche Begriffe wie »besonders«, »exklusiv« usw. gezielt hinterfragen. Dann wissen Sie noch genauer, welche Ihrer Produktvorteile wirklich kaufentscheidend für den Kunden sind und wie Sie diese am besten darstellen.

Wichtig ist, dass Sie möglichst sofort nach den Zielen und den Werten des Kunden fragen. Auf jeden Fall, bevor Sie selbst präsentieren und informieren. So selbstverständlich dies für Sie klingen mag, so oft wird es in der Praxis missachtet und einfach drauflos, quasi ins Blaue hinein, präsentiert und argumentiert. Sie gehören spätestens ab heute nicht mehr zu denjenigen erfolglosen Verkäufern, die sich um Kopf und Kragen reden und die Wirkung Ihres Verkaufsgespräches dem Zufall überlassen.

Bevor Sie präsentieren, informieren, erfragen Sie:

1. die **Ziele** (Was erwarten Sie von ...?)
2. die **Werte** (Was ist Ihnen daran wichtig?)

Gleich nachdem Sie die grundlegenden Ziele und Werte des Kunden, also das »Was« seiner Kaufentscheidung ermittelt haben, können Sie einen bedeutenden Schritt weitergehen. Sie stellen durch zusätzliche Fragen fest, »wie« dieser die Informationen intern verarbeitet. Genau hier unterscheidet sich der Spitzenverkäufer vom Standardverkäufer. Erst wenn Sie wissen, was der Kunde will und wie er Entscheidungen fällt, können Sie Ihre Verkaufsstrategie optimal darauf abstimmen.

Denn Sie haben sicher schon oft festgestellt, dass Ihre Kunden ein und dasselbe Produkt aus völlig unterschiedlichen Gründen kaufen. Der eine will bei Ihrer Präsentation jedes Detail Ihres Produktes kennen lernen. Gehen Sie mit ihm alles, besonders auch die Lieferverträge, Punkt für Punkt durch. Anderen Kunden reicht schon ein Überblick, um zu einer Entscheidung zu kommen. Langweilen Sie sie niemals mit Details. Manche suchen in Ihrem Produkt zukünftige Chancen, andere wollen lieber Altbewährtes und Sicheres kaufen. Das bedeutet für Sie, Ihr Produkt völlig anders zu präsentieren. Einige Kunden fällen Ihre Entscheidungen allein, während andere immer Rat von außen benötigen. Sie erkennen schon an diesen Beispielen, wie unterschiedlich Sie bei jedem Kunden vorgehen müssen.

Bitte betrachten Sie diese Unterschiedlichkeit Ihrer Kunden nicht als lästiges Übel, sondern als einzigartige Chance. Zum einen machte es Ihren Verkaufsalltag abwechslungsreich und spannend. Wie ist wohl mein nächster Kunde? Zusätzlich haben Sie die Möglichkeit, sich durch eine genaue Bedarfsermittlung sehr wohltuend von der breiten Masse der Wettbewerber abzuheben, die immer noch sich selbst und ihr Produkt in den Vordergrund stellen. Und, vielleicht das Wichtigste: Sie machen aus Kunden Partner und gewinnen Freunde.

> **Erfragen Sie die Kaufmotive des Kunden und bringen Sie diese dann mit Ihrem Produkt in Einklang.**

Gehen wir nun weiter auf Entdeckungsreise und stellen verschiedene Strategien vor.

3. Hin-zu- bzw. Weg-von-Strategie: Warum ist Ihnen der Wert xy wichtig?

Mit dieser Frage erfahren Sie, ob Ihr Kunde seine Entscheidungen fällt, um Probleme zu vermeiden oder um ganz bestimmte Ziele zu erreichen. Sie präsentieren Ihrem Kunden gerade die Produktvorteile:

a. Der **Weg-von-Kunde** reagiert darauf mit diesen Worten:

> Version A: »Also Ihr Produkt ist wohl nicht so anfällig wie das, was wir bisher eingesetzt haben. Damit kommen wir endlich aus den Lieferschwierigkeiten heraus und müssen uns nicht mehr täglich mit unzufriedenen Kunden abgeben.«

Wenn Sie es mit einem Weg-von-Kunden zu tun haben, dann gehen Sie bitte auf seine Sorgen ein, anstatt ständig von Ihren Produktvorteilen zu schwärmen:

> Version B: »Ja, da haben Sie recht. Unser Produkt ist zum Glück nicht anfällig, und wir haben auch keine Schwierigkeiten, Ihnen davon größere Mengen zu liefern. Dadurch können Sie Unzufriedenheiten bei Ihren Kunden mit Sicherheit vermeiden.«

b. Der **Hin-zu-Kunde** reagiert darauf mit anderen Worten:

> Version A: »Also, Ihr Produkt ist wohl sehr zuverlässig. Damit werden wir noch mehr Kunden zum Kauf überzeugen können.«

Bei einem Hin-zu-Kunden können Sie freundlich, offensiv und optimistisch verkaufen. Stellen Sie Ihr Produkt von der Sonnenseite dar, und zeigen Sie ihm, was er dadurch gewinnt.

> Version B: »Ja, Zuverlässigkeit ist ein Vorteil dieses Produkts. Außerdem wird es Ihnen helfen, Ihren Marktanteil auszubauen.«

> Der Hin-zu- bzw. Weg-von-Strategie begegnen: Warum ist Ihnen ein bestimmter Wert wichtig?

4. Alt oder neu: Wenn Sie kaufen, worauf achten Sie?
Mit dieser Frage finden Sie heraus, ob Ihr Kunde eher das
Altbewährte mag oder Chancen in innovativen Produkten sucht.
Dem auf Dauerhaftigkeit und Zuverlässigkeit bedachten Kunden sollten Sie all die Produkte bzw. Produktvorteile präsentieren, die bei Ihnen schon seit Jahren erfolgreich angebo-
ten werden. Dem Kunden, der Wert auf Neuheiten und Inno-
vationen legt, zeigen Sie nur die Messeneuheiten und die letzten Optimierungsmaßnahmen an Ihren Produktreihen. In
dem letztgenannten Kundentyp finden Sie übrigens einen her-
vorragenden Partner, um neue Produkte vor der Markt-
einführung praktisch zu erproben. Er hilft Ihnen dabei gern.
Und lassen Sie sich durch Alter bzw. Aussehen bitte nicht täuschen!

> Alt oder neu – Tradition oder Innovation?
> Wenn Sie ein Produkt kaufen, achten Sie da mehr
> auf Altbewährtes oder auf zukünftige Chancen?

*5. Gleichheit oder Verschiedenheit? Wollen Sie das Gleiche oder
etwas völlig anderes?*
Diese Frage können Sie nicht immer direkt stellen. Wenn Sie im
Gespräch auf die Antworten und Wünsche des Kunden achten,
werden Sie leicht merken, nach welchem Muster er seine Eindrücke bewertet. *Gleichheitspersonen* neigen dazu, alles miteinander zu vergleichen und in einen Topf zu werfen. Diese Menschen werden Ihnen immer wieder sagen, dass Sie das alles
schon einmal gehört bzw. gelesen haben. Sie können etwas nur
im direkten Vergleich bewerten.
Verschiedenheitspersonen denken umgekehrt. Sie finden fast
immer Einschränkungen, die Ausnahmen von der Regel, und
sagen Ihnen nur das, was an Ihnen bzw. Ihrem Produkt nicht
stimmt. Was Ihnen gefällt, sagen Sie oft nicht. Statt uns über
»Gleichmacherei« oder das typische »Ja, aber« aufzuregen, können wir deren Entscheidungsmuster sogar ganz gezielt für uns
nutzen. Zwei Beispiele dafür:

Die richtige Präsentation für Gleichheitspersonen –

Version A: »Dieses Produkt können Sie auf ähnliche Weise anbieten, wie Ihren bisherigen Topseller. Sie haben dieselben Einbaumaße und Anschlüsse. Und wenn ich an Ihren Wunsch nach einem attraktiven Design denke: Das haben wir auch!«

Die richtige Präsentation für Verschiedenheitspersonen –

Version B: »Haben Sie das Besondere an diesem Produkt erkannt? Sie können es ganz anders anbieten, als Ihre bisherigen Produkte. Mit dieser Neuheit unterscheiden Sie sich von allen Mitwettbewerbern am Markt und sind einzigartig.«

Also: Präsentieren Sie Gleichheitspersonen diejenigen Vorteile Ihres Produktes, die auch andere Anbieter anpreisen oder weisen Sie auf die Vergleichbarkeit zu bisherigen Erfahrungen des Kunden hin. Bei Verschiedenheitspersonen reicht es oft schon völlig aus, wenn Sie sich nur auf die Unterschiede und Besonderheiten Ihres Angebotes konzentrieren. Sie können bei extremen Verschiedenheitspersonen sogar eine übersteigerte Variante wählen und so »Ja-aber-Reaktionen« vorwegnehmen.

Version C: »Hier habe ich noch unser neuestes Produkt, das ich Ihnen gerne einmal zeigen wollte. Wahrscheinlich ist Ihnen das zu innovativ. Es verfügt über Funktionen, die alles Bisherige in den Schatten stellen. Für Sie wahrscheinlich zu viel. Es ist gerade das Beste am Markt, aber es kostet auch mehr.«

> Gleichheits-/Verschiedenheitspersonen:
>
> o Gleichheitspersonen entscheiden im Vergleich.
> o Verschiedenheitspersonen lieben Unterschiede.

Letztendlich müssen Sie immer wissen, wer die Entscheidungen trifft. Darf es der Kunde selbst, den Sie gerade beraten oder braucht, bzw. muss er noch die Zustimmung einer vorgesetzten Instanz einholen? Beachten Sie das nicht, investieren Sie Ihre wertvolle Zeit in Personen, die Entscheidungen gar nicht alleine fällen wollen oder dürfen.

6. Interner oder externer Entscheider? Wann bzw. wie wissen Sie, dass Sie das Richtige haben?
Durch diese Frage erfahren Sie, wie Ihr Kunde seine Entscheidungen fällt. Der interne Entscheider achtet auf sein eigenes Gefühl, hört auf seine innere Stimme, wägt die Vor- und Nachteile ab und entscheidet dann auch selbstständig. Diese Menschen treffen Ihre Auswahl einfach viel schneller.
Der externe Entscheidertyp braucht die Meinung anderer, um diese mit seiner eigenen zu vergleichen. Erst dann wird er sich entscheiden. Darum braucht er meistens mehr Zeit. Wenn Sie das nächste Mal mit guten Freunden Essen gehen, dann achten Sie doch einmal darauf: Wer weiß sehr schnell, was er essen will, und wer lässt sich von den anderen beraten oder fragt diese nach ihrer Wahl, bevor er selbst bestellt?

Beispiel!
Interne Präsentation

Version A: »Letztlich können nur Sie entscheiden, ob unser Produkt für Sie das richtige ist. Ich zeige Ihnen gerne weitere Vorteile, aber letztendlich sind Sie es, der auswählen soll.«

Beispiel!
Externe Präsentation

Version A: »Ich bin sicher, dass unser Produkt für Ihre Firma das richtige ist. Alle meine Kunden sind damit sehr zufrieden, und ich höre immer wieder Positives über die Zuverlässigkeit.«

> Entscheidet sich Ihr Kunde intern oder extern? Fragen Sie:
> Wann bzw. wie wissen Sie, dass Sie das Richtige haben?

Kommen wir zum letzten entscheidenden Punkt. Es geht hier um die Art und Weise, wie Ihr Kunde gerne beraten werden will:

7. Globale oder spezifische Informationen? Fragen Sie: Benötigen Sie gleich Details oder reicht ein Überblick?
Mit dieser Frage finden Sie heraus, wie Sie die Produktinformationen für Ihren Kunden optimal aufbereiten und was ihn daran am meisten interessiert. Der »globale Typ« will zunächst einen Überblick. Ihn interessiert ganz besonders, welche Vorteile ihm der Kauf bringt, was genau er davon hat. Langweilen Sie solche Menschen bitte nicht mit den Details. Präsentieren Sie die allgemeinen Vorteile und besonders die Wirkungsweise Ihres Produktes. Vermitteln Sie ihm eine erste Vorstellung. Das reicht für den Anfang. Im Gegensatz dazu will es der »spezifische Typ« gleich ganz genau wissen. Oberflächliche Informationen reichen ihm nicht aus. Er will die Einzelheiten, Hintergründe, technische Angaben usw.

Beispiel!
Globale Präsentation –
Version A: »Ich möchte Ihnen gerne einen Überblick über die Vorteile dieses Autos geben. Es ist leistungsstark, sparsam und hat eine besonders attraktive Optik. Schauen Sie es sich an.«

Beispiel!
Spezifische Präsentation –
Version B: »Ich möchte Ihnen gerne die vielen Detailleistungen an diesem Auto aufzeigen. Es hat einen V8-Reihenmotor mit 200 kW. Der Verbrauch beträgt in der Stadt 16 Liter, auf der Autobahn nur 12 Liter. Die 5,45 Meter Gesamtlänge sind durch die leicht fallenden Konturen schön verpackt.«

✍ **Übung!**

Trainieren Sie den erfolgreichen Umgang mit diesen Fragen zunächst einmal selbst. Nehmen wir an, Sie wollen nach der Lektüre dieses Buches an unserem gleichnamigen Seminar in Stuttgart teilnehmen.

① Was erwarten Sie von diesem Seminar?

....

....

....

Jetzt haben Sie Ihre *Ziele* definiert.

② Was ist Ihnen an Ihrem Ziel wichtig?

....

....

....

Das sind die *Werte*, die hinter Ihrem Ziel stehen.

③ Warum sind Ihnen Ihre Werte wichtig?

....

....

Das ist Ihre *Motivationsstrategie:* hin zu oder weg von etwas. Eventuell haben Sie diese schon in Frage 2 ermitteln können.

④ Bevorzugen Sie die klassische Methode, bei der Sie überwiegend zuhören oder eine neue sehr aktive Seminarform?

....

....

Jetzt wissen Sie, ob Sie lieber auf *Altbewährtes* setzen oder für
neue Entwicklungschancen offen sind.

⑤ Bewerten Sie dieses Seminar (jetzt oder später) im Vergleich
zu anderen Seminaren, die Sie schon besucht haben oder
doch eher gerade anhand der Unterschiede?

....

....

Wollen Sie etwas *Ähnliches* oder suchen Sie *anderes*?

⑥ Wie wissen Sie, dass Sie das richtige Seminar besucht
haben?

....

....

Nun wissen Sie, ob Sie ein *interner/externer Entscheider* sind.

⑦ Wollen Sie alle Details und Hintergründe zu diesem Thema
erfahren, oder interessieren Sie sich besonders für die Vorteile und Wirkungsweise der erfolgreichen Kommunikation?

....

....

Werden Sie lieber *global oder spezifisch* informiert?

Überblick: mit sieben Fragen schneller ans (Verkaufs-)Ziel

1. Ermitteln Sie das **Ziel**
⇒ *Was erwarten Sie von ...?*

2. Erfragen Sie **Werte**
⇒ *Was ist Ihnen (an Ihrem Ziel) wichtig?*

3. Hin-zu- oder Weg-von-**Strategie**
⇒ *Warum ist Ihnen ein Wert wichtig?*

4. **Alt** oder **neu**, **Tradition** oder **Innovation**?
⇒ *Wenn Sie kaufen, worauf achten Sie?*

5. **Gleichheit** oder **Verschiedenheit**?
⇒ *Wollen Sie das Gleiche oder etwas anderes?*

6. **Interner** oder **externer Entscheider**?
⇒ *Wann wissen Sie, dass Sie das Richtige haben?*
⇒ *Wie wissen Sie, dass Sie das Richtige haben?*

7. **Globale** oder **spezifische** Informationen?
⇒ *Benötigen Sie gleich alle Details oder reicht Ihnen jetzt erst einmal ein Überblick?*

Und: Achten Sie bei den Antworten auf fehlende oder ungenaue Informationen (Punkt, Kampf, berechenbar ...), Verallgemeinerungen (nie, alle, immer, jeder ...), Regeln (sollen, müssen ...) und Vergleiche (besser, schneller ...).

41 goldene Spielregeln

So wird Ihre Kommunikation noch erfolgreicher!

- Bringen Sie sich zuerst in eine gute Stimmung.
- Sorgen Sie für ein gutes Gesprächsklima.
- Gleichen Sie sich Ihrem Gegenüber an.
- Lächeln Sie, halten Sie Blickkontakt.
- Sprechen Sie Ihr Gegenüber mit Namen an.
- Überlegen Sie, bevor Sie etwas sagen.
- Nur klare Gedanken sorgen für klare Worte.
- Framen Sie: Wecken Sie positive Erwartungen.
- Beachten Sie die Reaktion anderer (was/wie).
- Achten Sie genau darauf, was dort ankommt.
- Achten Sie auf deren (Körper-)Sprache.
- Bei Einwänden/Widerständen: positiv reframen!
- Achten Sie auf Verallgemeinerungen, Vergleiche etc.
- Zeigen Sie Interesse (Fragen/Bestätigungen).
- Stellen Sie viele offene und Ja-Fragen.
- Reduzieren Sie Konditionalfragen.
- Quittieren Sie Fragen, Aussagen, Komplimente.
- Hinterfragen Sie ungenaue Informationen.
- Hören Sie immer aufmerksam und aktiv zu.

... und

- Interessieren Sie sich für andere Meinungen.
- Seien Sie tolerant für andere Weltbilder.
- Bereichern Sie sich um andere Standpunkte.
- Seien Sie höflich, sagen Sie »bitte« und »danke«.

- Sagen Sie »und« anstatt »aber« oder »trotzdem«.
- Vermeiden Sie Negationen.
- Achten Sie auf die Art und Weise, »wie« Sie reden.
- Sprechen Sie deutlich, eindeutig und positiv.
- Verwenden Sie kurze, prägnante Sätze.
- Haben Sie den Mut zu präzisen Angaben.
- Betonen Sie Wichtiges sehr deutlich.
- Machen Sie (Spannungs- bzw. Wirkungs-)Pausen.
- Unterbrechen und übersprechen Sie nicht.
- Achten Sie auf die Augen und die Sprache der Sinne.
- Verwenden Sie viele Magic Words.
- Reden und präsentieren Sie typgerecht.
- Sprechen Sie in Bildern und Beispielen.
- Sprechen Sie in ankündigenden Überschriften.
- Tragen Sie Ihr Anliegen mit Begeisterung vor.
- Loben und anerkennen Sie fremde Leistungen.
- Fassen Sie das Wichtigste als Fazit zusammen.
- Seien Sie souverän anstatt schlagfertig.

99-mal: Trainieren Sie Ihren Wortschatz*

Jetzt haben Sie die wertvolle Möglichkeit, Ihren Wortschatz in vielerlei Beziehung zu trainieren und zu erweitern. Es geht hier um diejenigen Wörter, für die wir oft keinen Ersatz finden und diese deshalb immer wieder verwenden. Bitte überlegen Sie sich daher zu jedem der kursiv gedruckten Worte in den folgenden Sätzen mehrere Synonyme. Es geht darum, dass Sie jeweils bis zu drei neue Begriffe finden, die denselben Sinn haben oder diesen sogar eindeutiger herausstellen. So bereichern Sie Ihr Vokabular, machen Ihre Sprache präzise. Arbeiten Sie dieses Training bitte in mehreren Etappen durch.

✍ **Übung!***

① Heute ist ein *schöner* Dienstag.

....

② Das ist für mich ein *Problem*.

....

③ Ich habe *gerade* keine Zeit.

....

* Die Lösungen finden Sie im Anhang, Seite 245

④ Können Sie das für mich *machen*?

....

⑤ Wir sollten besser miteinander *kommunizieren*.

....

⑥ Es ist heute ein *Kampf* mit Ihnen.

....

⑦ Das war ein *nettes* Gespräch.

....

⑧ Sie sind wirklich *großzügig*.

....

⑨ Ich kann Ihnen dabei nicht *helfen*.

....

⑩ Dieses Gespräch wird *schwierig*.

....

⑪ Der *Preis* dafür beträgt 1000 Euro.

....

⑫ Ich werde die *richtige* Entscheidung treffen.

....

⑬ Ich will diese Aufgabe *zuerst* erledigen.

....

⑭ Ich sollte mich mehr dafür *engagieren*.

....

⑮ Vielen Dank für das *interessante* Gespräch.

....

⑯ Ich will etwas für meinen *Erfolg* tun.

....

⑰ Dies ist ein wichtiger *Anlass*.

....

⑱ Wir brauchen mehr *Rabatt*.

....

⑲ Sie müssen jetzt in dieser *Sache* tätig werden.

....

⑳ Ich muss dagegen *ankämpfen*.

....

㉑ Ich suche eine neue *Arbeit*.

....

㉒ Wir wollen das Geschäft *ankurbeln*.

....

㉓ Ich werde mich bald *anpassen*.

....

㉔ Ihre *Meinung* ist wichtig.

....

㉕ Dieses Argument ist *wichtig*.

....

㉖ Das interessiert mich *sehr*.

....

㉗ Wie Sie selbst *sehen* können.

....

㉘ Diese Angelegenheit sollten wir *schnell* klären.

....

㉙ Er trägt gerne *kräftige* Farben.

....

㉚ Sie sind heute wieder *hektisch*.

....

㉛ Kommen wir zum wichtigsten *Argument*.

....

㉜ Lassen Sie uns *weitermachen*.

....

㉝ Sie werden davon *profitieren*.

....

㉞ Ich werde Sie heute *motivieren*.

....

㉟ Das habe ich *gerne* für Sie getan.

....

㊱ Diese Probe erhalten Sie *gratis*.

....

㊲ Geht es bitte *ein bisschen* schneller?

....

㊳ Das meine ich *auch*.

....

㊴ Das finde ich *ziemlich* schlecht.

....

㊵ Ich habe *positive* Nachrichten.

....

㊶ Es geht mir *ganz* gut.

....

㊷ Ist Ihnen das *klar*?

....

㊸ Mir fällt dazu *viel* ein.

....

㊹ Ihre Aussage ist *falsch.*

....

㊺ Das ist wirklich *schlecht.*

....

㊻ Ich will Sie nicht *überreden.*

....

㊼ Sie sind *immer* so motiviert.

....

㊽ Was für ein *Ereignis.*

....

㊾ Haben Sie genug *Erfahrung*?

....

㊿ Das finde ich *erfreulich.*

....

(51) Das müssen Sie *fordern.*

....

(52) Das ist ein *ängstlicher* Mensch.

....

(53) Das sollten Sie unbedingt *wissen.*

....

54 Sie müssen sich bald *entscheiden.*

....

55 Sie sind immer so *zufrieden.*

....

56 Er ist dafür nicht *zugänglich.*

....

57 Unsere Probleme *nehmen zu.*

....

58 Können Sie mir bitte *zuhören?*

....

59 Sie haben mich sehr *begeistert.*

....

60 Sie müssen meine Anweisungen *befolgen.*

....

61 Wir sollten ein Ziel *vereinbaren.*

....

62 Wie wollen wir dabei *verfahren?*

....

63 Die Werbekampagne war *wirkungslos.*

....

㉔ Damit erzielen Sie mehr *Wirkung*.

....

㉕ Der Entschluss *erfordert* viel Mut.

....

㉖ Sagen Sie das bitte mit einem *Wort*.

....

㉗ Wir *wollen* das wirklich machen.

....

㉘ Das ist für uns *ungünstig*.

....

㉙ Die Atmosphäre ist *ungezwungen*.

....

㉚ Der Ausgang ist noch *ungewiss*.

....

㉛ Diese Lösung ist *zweckmäßig*.

....

㉜ *Zweifellos* haben Sie recht.

....

㉝ Darf ich fragen, woran Sie *zweifeln*?

....

⑭ Die Zahlen stimmen mich *zuversichtlich*.

....

⑮ Es kommt aus einer *zuverlässigen* Quelle.

....

⑯ Sie sollten alle Mittel *nutzen*.

....

⑰ Unser Produkt kann für Sie sehr *nützlich* sein.

....

⑱ Diese Anweisung war dringend *nötig*.

....

⑲ Ich mache Sie *nachdrücklich* darauf aufmerksam.

....

⑳ Wir sollten besser *nachgeben*.

....

㉑ Bitte erzählen Sie alles *nacheinander*.

....

㉒ Was darf ich daraus *folgern*?

....

㉓ Mein Mitarbeiter ist sehr *aktiv*.

....

⟨84⟩ Das sollten Sie sich mal *ansehen*.

....

⟨85⟩ Sie wirken sehr *unaufmerksam*.

....

⟨86⟩ Der Fehler ist die *Folge* von Versäumnissen.

....

⟨87⟩ Es ist *unklar,* was er beabsichtigt.

....

⟨88⟩ Ich halte Ihren Vorschlag für *unklug*.

....

⟨89⟩ Es ist *unhöflich,* darauf nicht zu antworten.

....

⟨90⟩ Sie waren leider sehr *unachtsam*.

....

⟨91⟩ Wir *können* das nicht tun.

....

⟨92⟩ Der Wettbewerb hat uns *unbemerkt* überholt.

....

⟨93⟩ Sie können ganz *unbesorgt* sein.

....

⑭ Ihr Verhalten finde ich *unerhört*.

....

⑮ Dieses Projekt ist *unausführbar*.

....

⑯ Wir brauchen dazu *ungefähr* drei Wochen.

....

⑰ Ich finde das *unfassbar*.

....

⑱ Bitte betrachten Sie dies als *Tatsache*.

....

⑲ Unsere Firmen liegen miteinander im *Streit*.

....

Mehr Erfolg durch Power-Sprache

Power-Sprache als Erfolgsinstrument

Wir haben darüber gesprochen, wodurch unsere persönliche und sprachliche Entwicklung beeinflusst wird. Wir wissen, wie wir unser Anliegen optimal präsentieren und kennen die Zutaten einer sehr wirkungsvollen und erfolgreichen Kommunikation. Es gibt eine Sprache, die genau dazu passt: Die Power-Sprache. Warum dieser Name? Nun, zunächst einmal weckt der Begriff »Power« bei fast allen Menschen sehr positive Assoziationen. Und genau mit diesem Gefühl entwickeln Sie die Einstellung, um die es hier geht. Denn die Power-Sprache ist positiv, eindeutig zielorientiert und dadurch sehr erfolgreich: für Sie selbst und auch Ihren Gesprächspartner. Dadurch gibt es nur Gewinner, keine Sieger und Verlierer. Die Power-Sprache verleiht allen Beteiligten ein gutes Gefühl, vermittelt Klarheit, Souveränität und gegenseitigen Respekt. Sie spart Zeit und vermeidet Missverständnisse.

> Die Power-Sprache macht beide Teilnehmer eines Gespräches erfolgreich. Es gibt nur Gewinner, keine Sieger und Verlierer.

Mit der Power-Sprache kommen Ihre Worte voll zur Wirkung, und Sie erreichen Ihre Ziele leicht, ohne sich gegen andere durchsetzen zu müssen. Sie werden mit anderen Menschen erfolgreicher umgehen, weil Sie Ihnen Nutzen bieten und Sie Ihre Mitmenschen in einen angenehmen, ressourcenvolleren Zustand versetzen.

In den nächsten Kapiteln erfahren Sie deshalb genau, was Power-Sprache bewirkt, wie sie funktioniert und welches Erfolgsvokabular Sie dabei benutzen müssen. Es sind Begriffe, die Sie bereits kennen und kleine Umstellungen in Ihrer Sprache, die Großes bewirken können.

In dem Kapitel »Was Power-Sprache auszeichnet« lesen Sie, was diese Sprache besonders macht, was sie beinhaltet, wofür Sie steht. Sie werden erkennen, dass diese Sprache sehr viel mehr mit Ihrer gesamten Lebenseinstellung, mit Ihrem Charakter und Ihrer Wertehaltung zu tun hat, als mit einer bloßen Aneinanderreihung von Wörtern.

Im Kapitel »Wie Power-Sprache wirkt« erfahren Sie, wie und warum diese Sprache so positiv, wirkungsvoll und sehr erfolgreich ist. Sie werden erkennen, dass nicht nur Ihre Gedanken, Gefühle und Stimmungen sehr viel Einfluss auf Ihre Sprache haben, sondern dass die Umkehrung auch gilt: Sie lernen, wieder anhand unseres Glückskreislaufs von Denken, Fühlen, Erleben und Verhalten, wie positiv Sprache hier eingreift.

Im Kapitel »Wie Power-Sprache funktioniert« gehen Sie in die Praxis. Anhand typischer Sprachgewohnheiten, kraftloser Redewendungen, Floskeln und Killerphrasen erfahren Sie ganz konkret, wie Sie Ihre Kommunikation ab sofort erfolgreicher gestalten.

> Die Power-Sprache macht Sie noch erfolgreicher.
> Die einzige Voraussetzung: üben, üben, üben.

Was Power-Sprache auszeichnet

Die Power-Sprache ist die Sprache sehr erfolgreicher Menschen. Jeder, der es wirklich will, kann sie lernen. Es handelt sich nämlich nicht um eine Fremdsprache, die Ihnen vielleicht nicht liegt und die Sie erst lernen müssen, nein, die Vokabeln dieser Sprache kennen Sie bereits. Wo liegt nun also das Geheimnis?

Die Power-Sprache hat keine Geheimnisse! Es handelt sich auch nicht um eine bestimmte Technik, die Sie auswendig lernen und einstudieren müssen. Es gibt keine vorgefertigten Phrasen, die angeblich immer passen, keine Rolle, die Sie spielen müssen.

Die Power-Sprache ist etwas sehr Natürliches, von jedem Menschen einfach Erlernbares. Sie nutzt den Facettenreichtum und die ganze Bandbreite wertvoller kommunikativer Möglichkeiten. Power-Sprache ist:

• einfach und zeitsparend,
• offen und ehrlich,
• spontan und flexibel,
• positiv und konstruktiv,
• kurz und prägnant,
• leicht verständlich,
• wahrnehmungsorientiert,
• verantwortungsvoll,
• tolerant und höflich,
• ziel-/wirkungsorientiert,
• lobend und anerkennend,
• individuell, persönlich – eben

Einfach erfolgreicher!

• *Power-Sprache ist einfach und zeitsparend.*
Power-Sprache setzt keine besonderen Kenntnisse oder Fähigkeiten voraus. Vielmehr werden hierbei die natürlichen sprachlichen Ressourcen genutzt, die jedem Menschen zur Verfügung stehen bzw. durch einfache Übung erschließbar sind.
Zeitsparend ist diese Form der Kommunikation deshalb, weil Sie eindeutiger formulieren, Wünsche und Bedürfnisse anderer viel schneller erkennen und Ihre eigenen Aussagen wiederum besser verstanden und dadurch viele Missverständnisse vermieden werden. Sie kommen damit einfach schneller ans gewünschte Ziel.

• *Power-Sprache ist offen und ehrlich.*
Die Power-Sprache kennt keine Versteckspiele. Sie sprechen Ihre Absichten, Wünsche und Ziele offen aus. Darüber hinaus sind Sie ehrlich, wenn es darum geht, Fehler einzugestehen und die Verantwortung für Ihr Handeln zu übernehmen. Sie erwerben sich den Ruf, für Ihr Wort und Ihre Taten gerade zu stehen.

• *Power-Sprache ist spontan und flexibel.*
Wenn Sie eine gute Idee oder einen gewinnbringenden Vorschlag haben, dann überlegen Sie nicht lange und reden nicht drumherum. Sie drücken spontan aus, was Sie gerade bewegt. Ihre Flexibilität im Gespräch zeigt sich darin, dass Sie aktuelle Geschehnisse aufgreifen und auf spontane Ideen anderer eingehen können. In festgefahrenen Gesprächssituationen behalten Sie den Überblick, können auch einmal loslassen und beharren nicht auf der Weiterführung aussichtsloser Diskussionen.

• *Power-Sprache ist positiv und konstruktiv.*
Die Power-Sprache nutzt viele positive Formulierungen und bringt klar zum Ausdruck, was erreicht werden soll. Sie sagen nicht, was Sie an anderen schlecht finden, sondern was noch besser gemacht werden kann. Sie sagen, was möglich ist, anstatt, was Ihnen unmöglich erscheint. Sie haben eine klare Orientierung zum Ziel hin, anstatt vom Problem weg. Sie stellen die von Ihnen oder anderen Menschen bereits erreichte Leistung stets positiv dar, kritisieren Fehler konstruktiv und lösungsorientiert.

• *Power-Sprache ist kurz und prägnant.*
Mit der Power-Sprache kommen Sie auf den Punkt. Sie reden nicht lange um den heißen Brei, sondern drücken sich eindeutig und kurz aus. Sie vermeiden unnütze Schwafeleien, lange Satzkonstruktionen und ermüdende Schachtelsätze. Dadurch macht es Spaß und fällt es sehr leicht, Ihnen zuzuhören. Jedermann versteht, was Sie wollen und weiß, was zu tun ist.

• *Power-Sprache ist leicht verständlich.*
Die Power-Sprache vermeidet Fachbegriffe und Fremdwörter, wo es nicht angebracht erscheint. Sie passen sich stets dem Niveau der Gesprächspartner an. Sie haben die Inhalte, die Sie rüberbringen wollen und Ihre eigenen Zielsetzungen selbst so verinnerlicht, dass sie diese in einfachen und verständlichen Worten auch Laien erklären können. Sie imponieren durch Ihre klare Aussage und souveräne Darstellung. Ihr Motto: Es gibt keine komplizierten Zusammenhänge, nur komplizierte Redner.

• *Power-Sprache ist wahrnehmungsorientiert.*
Die Power-Sprache setzt ein Höchstmaß an bewusster Wahrneh-
mungsfähigkeit voraus – was die aktuelle Situation, den
Gesprächspartner und spontane, unvorhersehbare Ereignisse
angeht. Bevor und während Sie mit anderen Menschen reden,
achten Sie sehr genau darauf, was Ihnen auffällt und wie Ihr
Gegenüber in Mimik, Gestik und Sprache auf Ihre Fragen bzw.
Aussagen reagiert. Je nachdem, was Sie dabei wahrnehmen,
ändern Sie Ihre Gesprächsstrategie. Und das Ziel behalten Sie
immer im Blick!
So entsteht ein geschlossener Wirkungskreislauf. Sie sollten
mehr auf die Reaktionen Ihres Gesprächspartners achten als nur
darauf, was Sie noch alles sagen wollen. Diese empfängerori-
entierte Einstellung lässt Sie z. B. Missverständnisse oder Widerstände frühzeitig erkennen und ermöglicht Ihnen, darauf einzugehen.

• *Power-Sprache ist verantwortungsvoll.*
Die Power-Sprache setzt ein hohes Maß an Eigenverantwortung
voraus. Sie allein übernehmen die volle Verantwortung für das,
was Sie sagen und tragen die Konsequenzen, die daraus entstehen. Sie gehören nicht zu den zahlreichen Menschen, die andere durch ihr verantwortungsloses Verhalten oder unüberlegte
Worte kränken und dann lediglich immer wieder behaupten:
»Das habe ich doch so gar nicht gemeint.« Sie wissen, was Ihre
Worte bewirken und überlegen, bevor Sie sprechen.

• *Power-Sprache ist tolerant und höflich.*
Wenn Sie mit anderen Menschen kommunizieren, dann wissen
Sie nicht nur, dass es auch andere Meinungen und Einstellungen gibt als Ihre. Sie gehen sogar davon aus, dass jeder Mensch
ein Recht auf sein eigenes Weltbild und eigene Ansichten hat!
Ihre Toleranz dafür zeigt sich in der Offenheit und Souveränität,
mit der Sie gerade auch auf Andersdenkende zugehen. Sie dul-
den nicht nur fremde Standpunkte, sondern sind sogar neugierig darauf und betrachten diese als wertvolle persönliche Berei-
cherung.

Hat sich Ihr Gesprächspartner einmal im Ton vergriffen, in seinen Ansichten vergaloppiert oder sachlich ganz einfach Unrecht, dann gehen Sie höflich und bestimmt darauf ein. Sie sollten diesem Menschen immer die Gelegenheit geben, sein Verhalten zu ändern, ohne dabei vor anderen sein Gesicht zu verlieren. Denn die Power-Sprache kennt keine Verlierer und hat stets die Menschlichkeit und nicht den persönlichen Sieg über andere zum Ziel.

• *Power-Sprache ist ziel- und wirkungsorientiert.*
Bei der Power-Sprache steht immer eine bestimmte Zielsetzung und die situativ gewünschte Wirkung im Vordergrund. Es geht Ihnen nicht darum, einfach nur zu reden, sich in den Vordergrund zu drängen und vorgefertigte Konzepte oder Mitteilungen zu verbreiten. Daher reden Sie nur dann, wenn Sie wirklich etwas zu sagen haben und bieten persönliche Ratschläge nur auf solchen Gebieten an, auf denen Sie selbst schon eigene Erfahrungen gesammelt haben. Denn Sie wollen Reaktionen bewirken und Nutzen bieten, d.h., auf Ihre Fragen Antworten erhalten und umgekehrt anderen Menschen wertvolle Lösungsvorschläge anbieten. In beiden Fällen geht es ausschließlich darum, gemeinsam wichtige Ziele zu erreichen. Daher ist es für Sie selbstverständlich, sich anderen Menschen offen mitzuteilen, deren Kontakte, Wissen und Können für sich zu erschließen. Und natürlich umgekehrt auch alles zu geben, was Sie geben können.

• *Power-Sprache ist lobend und anerkennend.*
Wir leben leider in einer Welt der Tadel- und Neidkultur. Durch die Power-Sprache drehen Sie den allgemeinen Trend um. Denn Sie sind eine Persönlichkeit, weil Sie sich und Ihre täglichen Erfolge sehr bewusst erleben. Dadurch nehmen Sie auch die Leistungen anderer Menschen sehr intensiv wahr und sprechen dafür gerne offen Ihre Anerkennung aus. Eine fremde Leistung anzuerkennen bedeutet für Sie, diesen Menschen zum Weitermachen und zur Weiterentwicklung motivieren zu wollen. Sie sind froh, dass Sie ihn kennen und ärgern sich nicht darüber,

dass nicht Sie diese Idee hatten und diese Leistung vollbracht haben. Sie wollen in einem Umfeld starker Menschen wachsen und nicht nur durch Schwächen anderer glänzen.

Weil Sie sich selbst wertschätzen und sich für Ihre Taten loben, loben Sie gerne auch andere. Sie nutzen die Macht des Lobes für sich selbst und als wichtigen zwischenmenschlichen Motivationsfaktor. Denn nichts kostet Sie weniger, macht so viel Freude (und Freunde) und wirkt so eindeutig positiv wie ein sehr offenes, ehrliches Lob. Sie initiieren eine neue Lobkultur!

• *Power-Sprache ist individuell und persönlich.*
Die Power-Sprache allein ist noch nicht viel wert. Die besondere Wirkung ist immer geprägt von Ihrer ganz persönlichen Note, Ihrem Ausdruck und Ihrem individuellen Wortschatz. Selbst wenn zwei Menschen ein und dasselbe Wort aussprechen, so klingt es doch bei jedem anders. Entscheidend für den Erfolg sind die vielen Feinheiten, die Ihre Sprache unterstützen. Ihre Stimme und Körpersprache (Mimik, Gestik, Haltung usw.), Ihr Lächeln und der Blickkontakt. Erst alles zusammen sorgt für eine positive, gewinnbringende und souveräne Ausstrahlung.

Wie Power-Sprache wirkt

Die Power-Sprache hat viel zu tun mit positivem Denken und einer grundlegend positiven Erwartungshaltung. Sie geht allerdings noch einen bedeutenden Schritt weiter: Mit der Power-Sprache motivieren Sie sich und andere auch zu positivem Handeln.

> Die Power-Sprache dient der positiven Selbst- und Fremdbeeinflussung. Sie baut Vertrauen auf, hat eine große Wirkung und motiviert zum Handeln.

Warum ist diese Form der Sprache so ungeheuer wirkungsvoll?

Mit der Power-Sprache

- öffnen Sie das Tor zum Gegenüber.
- motivieren Sie sich und andere.
- erreichen Sie andere Menschen besser.
- wecken Sie wertvolle Emotionen.
- nutzen Sie positive Assoziationen.
- machen Sie Kompliziertes einfach.
- beachten Sie alles, was Ihnen gesagt wird.
- achten Sie auf alles, was nicht gesagt wird.
- gehen Sie auf Ihr Gegenüber besser ein.
- bauen Sie eine positive Atmosphäre auf.
- geben Sie jedem das Gefühl, wichtig zu sein.
- nutzen Sie das Wissen und Können anderer.
- sprechen Sie in der Sprache des Gegenüber.
- formieren Sie sich und andere zur Einheit.
- produzieren Sie Lösungen für alle.

Die Voraussetzung dafür haben Sie bereits kennen gelernt: ein Höchstmaß an Bewusstsein. Für sich selbst, die aktuelle Situation, jedes einzelne gesprochene Wort. Und nicht zuletzt immer auch für den jeweiligen Gesprächspartner. Erst dann schließt sich der wertvolle Kreis, wird aus Ihrer inneren Denkweise eine äußere Wirkung. Die Reaktion unserer Mitmenschen. Und diese können wir stets sehr genau wahrnehmen.
Schauen wir uns diesen wertvollen Zusammenhang näher an:

Glücksquadrat
Denken   Fühlen

Verhalten   Erleben

Im Regelfall beginnt alles in Ihrem Kopf mit einem Gedanken. Oft wird dieser schon unbewusst gefasst. Dieser Gedanke, positiver oder negativer Natur, löst in Ihnen ein dazu passendes Gefühl aus. Dieses Gefühl wiederum bestimmt, wie Sie eine ganz bestimmte Situation erleben und sich in dieser verhalten. Mit Verhalten ist dabei sowohl Ihr körperliches Verhalten, also Ihre Körpersprache (Mimik, Gestik usw.) als auch Ihre Sprache gemeint. Genauso verhält es sich mit Ihrem Gegenüber.

Die Power-Sprache nutzt gerade diesen wertvollen Zusammenhang. Sie liefern klare Aussagen und eindeutige Antworten. Dadurch macht es Spaß, Ihnen zuzuhören und es ist leicht, Ihnen zu folgen. Auf der anderen Seite wecken Sie durch Ihre Sprache gezielt positive Gefühle, zeigen dem Gesprächspartner deutlich, dass Sie ihn verstehen, akzeptieren und als Persönlichkeit wertschätzen. In beiden Fällen erzeugen Sie ein freundschaftliches, offenes Gesprächsklima und motivieren ihren Partner zu einer positiven, Ihren Zielen entsprechenden Verhaltensweise.

Power-Sprache anwenden

Jetzt wollen wir Power-Sprache anwenden. Dazu finden Sie auf den folgenden Seiten viele Beispiele. Es handelt sich dabei um Redewendungen, Floskeln und gewohnte Formulierungen, die Sie gut kennen und z. T. auch selbst in Ihrer täglichen beruflichen und privaten Kommunikation verwenden. Sie werden erkennen, dass Sie diese Redewendungen durch sehr viel positivere, eindeutigere, wirksamere und kraftvollere Formulierungen ersetzen können.

Verschaffen Sie sich bitte zunächst einen Überblick. Lesen Sie die Überschriften der einzelnen Kapitel. Danach können Sie dort einsteigen, wo Sie wollen. Lesen Sie zuerst, worauf Sie gerade Lust haben. Alle Kapitel sind voneinander unabhängig. Um eines bitte ich Sie: Lesen Sie schließlich alle Kapitel.

> Die Power-Sprache ist keine Theorie, sondern Praxis.
> Und die Anwendung bringt den spürbaren Erfolg.

Nun kommt das Allerwichtigste! Wenn Sie ein Kapitel gelesen haben, dann wenden Sie das Gesagte bitte sofort an. Denn es ist zwar wichtig, dass Sie den Inhalt verstehen und akzeptieren. Noch sehr viel bedeutender ist es aber, dass Sie ihn praktizieren. Sonst geht es Ihnen wie mit dem positiven Denken. Sie können noch so viel darüber lesen, spürbare Erfolge ernten Sie erst in der Praxis. Genauso verhält es sich mit unserer Power-Sprache. Sie lebt von der Anwendung, nicht von unserem Verständnis. So fahren Sie fort. Lesen Sie ein neues Kapitel, verinnerlichen Sie es, wenden Sie das Gesagte an. Und beobachten Sie die Erfolge.

Wirklich wertvoll wird dieses Buch für Sie erst dann, wenn Sie es als Nachschlagewerk nutzen und immer wieder zur Hand nehmen. Denn bitte denken Sie daran: Sie arbeiten an alten, langjährigen Gewohnheiten Ihrer Sprache. Und Gewohnheiten können Sie nicht wirklich beseitigen, sondern nur durch neues Verhalten ersetzen. Nur wenn Sie sich also immer wieder mit der Power-Sprache beschäftigen, das Gelernte in der Praxis anwenden und so neue Gewohnheiten schaffen, dann haben Sie auch glänzende Aussichten auf herrliche Erfolgserlebnisse.

Die Zutaten der Power-Sprache

1. »*Und*« anstatt »Ja, aber«
2. »*Und*« anstatt »trotzdem«
3. »*Dafür*« statt »dagegen«
4. »*Nichts*« statt »doch«
5. »*Nichts*« statt »ehrlich gesagt«
6. »*So nicht*« statt »nein«
7. »*Schon*« statt »erst«
8. »*Das ist so nicht richtig.*« statt »Das ist falsch«
9. »*Am*« oder »*um*« statt »gegen«
10. »*Wie*« statt »haben«
11. »*Ab sofort*« statt »hätte ich bloß«
12. »*Ich*« statt »man«
13. »*Ich werde*« oder »*Ich will*« statt »Ich muss«
14. »*Nichts*« statt »eigentlich«

15. *»Ich empfehle«* statt »Sie müssen«
16. *»Ich bitte«* anstatt »Sie müssen«
17. *»Positiv«* statt »kein Problem«
18. *»Nicht zustimmen«* statt »widersprechen«
19. *»Nichts«* statt »nur« und »bloß«
20. *»Konkret«* statt »machen«, »tun« usw.
21. *»Wann«* und *»wie«* statt »ob«
22. *»Sie«* und *»wir«* anstatt »ich«, »ich«, »ich«
23. *»Konkret«* statt »nie«, »immer«, »alle«, »jeder«
24. *»Wie gut«* statt »wie«

Kernsätze wie:

- *»Verstehen Sie mich richtig!«* statt »... nicht falsch!«
- *»Bitte denken Sie daran...!«* statt »Bitte vergessen Sie nicht...!«
- *»Bitte behalten Sie im Auge...!«* statt »Bitte nicht aus den Augen verlieren!«

sind äußerst wesentlich.

Sagen Sie »und« statt »aber«

Ihr Mitarbeiter kommt zu Ihnen und präsentiert Ihnen das erste Zwischenergebnis einer längeren Kundenbefragung. Sie schauen sich seine Statistiken an und bemerken einen kleinen Fehler:

Version A_1: »Ja, das ist gut, *aber* Sie sollten ...«
Oder Ihr Partner hat ein Ziel für den nächsten Urlaub gewählt.
Version B_1: »Deine Idee ist toll, *aber* ich will noch darüber nachdenken.«

Im ersten Fall beginnt die Person zunächst mit einer Anerkennung. Das »aber« nach dem Komma setzt jedoch leider wieder alles außer Kraft. Das, was vor einem »aber« gesagt wird, wird damit zumindest relativiert.

Wie geht es besser?

1. Sie lassen das »aber« einfach weg. Sofort ist Ihre Aussage angenehmer.
2. Sie verwenden »und« statt »aber«. Damit verbinden Sie in den obigen Beispielen Ihr motivierendes Lob mit einem konkreten Wunsch für die Zukunft:

Version A2: »Also das haben Sie schon gut gemacht, *und* wenn Sie ...«
Version B2: »Deine Idee ist toll, *und* ich werde darüber nachdenken.«

Was meinen Sie: Welche Variante wirkt wohl motivierender?

> Ein »Aber« macht alles zunichte, was davor gesagt wurde. Ersetzen Sie es durch »und«, oder streichen Sie den Nebensatz ganz.

Sagen Sie »und« statt »trotzdem«

Sie (X) diskutieren mit Ihrem Kunden (Y) über ein neues Produkt und wollen ihn zum Abschluss eines Kaufvertrages bewegen. Ihr Kunde zögert:

Version A1: »Ich verstehe, dass Sie sich nicht gleich entscheiden wollen, *trotzdem* wäre es besser, wenn Sie heute noch bestellen.«

Wenn X wirklich Verständnis für Y hätte, würde er nicht drängeln. Sein »Trotzdem« zeigt sehr deutlich, dass ihm nur sein eigener Standpunkt und sein eigenes (Verkaufs-)Ziel wichtig sind. Denn »trotzdem« heißt konkret: Ich sehe das ganz anders und ignoriere Ihre Meinung. Sie »trotzen« all dem, was dem Anderen wichtig ist. Das erzeugt bei ihm sehr schnell Widerstand. Dabei gibt es ganz einfache und viel elegantere Möglichkeiten Ihr Ziel zu erreichen.

Wie geht es besser?

Sie lassen das »trotzdem« einfach weg und hinterfragen die Motive.

Version A2: »Ich verstehe, dass Sie sich nicht gleich entscheiden wollen. Was müssen wir noch klären, damit Sie bestellen können?«

Sie verwenden »und« statt »trotzdem«. Damit verbinden Sie den Wunsch des Kunden mit Ihrer (verständlichen) eigenen Zielsetzung.

Version A3: »Ich verstehe, dass Sie sich nicht gleich entscheiden wollen *und* genau deshalb lassen Sie uns bitte einmal überlegen, ob möglicherweise noch wichtige Fragen offen sind.«

> Ein »trotzdem« sagt ganz deutlich aus: Es ist mir egal, was Du willst! Ersetzen Sie das Wörtchen durch »und« oder streichen Sie es. Sie sparen damit ein Wort!

Sind Sie »dafür« oder »dagegen«?

Ihr Mitarbeiter präsentiert die momentan schlechten Umsatzzahlen.

Version A1: »Ich bin *dagegen,* dass wir die Zahlen zuerst nehmen.«

Ihr Arzt sagt Ihnen, dass Sie zehn Kilogramm Übergewicht haben.

Version B1: »Das ist ja furchtbar. Ich muss sofort etwas *dagegen* tun.«

Sie sind nervös und lassen sich in der Apotheke beraten.

Version C1: »Ich brauche unbedingt etwas *gegen* meine Nervosität.«

In allen Fällen konzentrieren Sie sich durch Ihr »dagegen« ausschließlich auf den momentan schlechten Zustand. Sie schenken Ihre Beachtung genau dem Aspekt, den Sie nicht wollen und verstärken diesen dadurch sogar. Sie sagen nur, was Sie nicht wollen, statt das auszudrücken, was Sie wollen und denken in der so genannten Weg-von-Strategie, das heißt unkonkret und nur problemvermeidend. Was hier fehlt, ist die klare Zielsetzung.

Wie geht es besser?
Sie entscheiden sich »dafür« oder »für« etwas. Sofort wird die Aussage eindeutig, positiv und zielorientiert.

Version A2: »Ich bin *dafür, dass* wir die Zahlen auf uns wirken lassen.«
Version B2: »Das ist eindeutig. Ich werde *dafür* ab sofort Sport treiben.«
Version C2: »Ich brauche unbedingt etwas *für* meine Ausgeglichenheit.«

> Wenn Sie »dagegen« sind, wissen Sie und andere noch nicht, wofür Sie sind. Entscheiden Sie sich »für« etwas. Das ist ein klares positives Ziel!

Vermeiden Sie ein schroffes »Doch«

Version A1: »Das können Sie mir wirklich nicht antun.
»*Doch!*«
Version B1: »Deine Zukunft kann Dir nicht völlig egal sein.
»*Doch!*«
Ein schroffes »Doch«, wie oben, drückt Rücksichtslosigkeit, Verantwortungslosigkeit und einen Mangel an Höflichkeit aus.

Wie geht es besser?
Sie wählen in solchen Fällen sanftere Übergänge.
Ihre Antwort wirkt so viel freundlicher und annehmbarer.

Version B2: »Deine Zukunft kann Dir nicht völlig egal sein.«
»Natürlich nicht. Im Moment bin ich nur etwas deprimiert.«

> Überlegen Sie sich sehr genau, ob Sie die negative Wirkung
> eines schroffen »Doch« wirklich beabsichtigen.
> In den meisten Fällen wohl nicht!

»Ehrlich gesagt«

Sie halten einen Vortrag und haben den roten Faden verloren.

Version A1: »Also ehrlich gesagt: Ich weiß gerade nicht weiter.«

Was sollen Ihre Zuhörer von Ihnen halten? Wenn Sie bei dieser Panne die Ehrlichkeit betont hervorheben. Was sind Sie denn sonst?

> Sparen Sie sich ein »ehrlich gesagt«.
> Es klingt so, als wäre die Ehrlichkeit hier
> die große Ausnahme.

Sagen Sie »so nicht« statt »nein«

Hier einige ganz besonders typische Redewendungen, die fast immer nur in der verneinten Form verwendet werden:

Version A1: »Nein! Das können wir nicht machen.«
Version B1: »Nein! Ihre Idee ist nicht realisierbar.«
Version C1: »Nein! Ich habe dafür keine Zeit.«
Version D1: »Nein! Das gefällt mir nicht.«
Version E1: »Nein! Ich habe mein Ziel nicht erreicht.«

Ein »Nein« wirkt genauso abweisend wie ein schroffes »Doch«. Es ist nicht die richtige Basis für ein positives konstruktives und freundschaftliches Gespräch. »Nein« ist etwas Abgeschlossenes und endgültig Entschiedenes. Letztendlich heißt es doch: aus, Schluss, fertig und vorbei. Es gibt nichts mehr zu besprechen.

Wollen Sie das wirklich? In den meisten Fällen wohl kaum! Überlegen Sie sich Ihr »Nein« bitte lieber dreimal.

Wie geht es besser?
Vermeiden Sie ein generelles »Nein«.
Drücken Sie Ihre ablehnende Haltung sehr speziell aus.

Version A2: »Das können wir *so nicht* machen.«
Version B2: »Ihre Idee ist *jetzt nicht* realisierbar.«
Version C2: »Ich habe dafür *im Augenblick* keine Zeit.«
Version D2: »Das gefällt mir *in dieser Form nicht*.«
Version E2: »Sie haben das Ziel *noch nicht* erreicht.«

> Vermeiden Sie bitte ein generelles »Nein«. In den meisten Fällen meinen Sie ohnehin nur »jetzt nicht« oder »so nicht«. Diese Form klingt viel positiver, annehmbarer und lässt künftige Möglichkeiten offen.

Haben und sind Sie »schon« oder »erst«?

Sie arbeiten an einem langfristigen Projekt und stellen fest, dass Sie gegenüber dem Zeitplan zurückliegen. Sie sagen sich:

Version A1: »Oh je, ich habe *erst* ein Drittel des Projektes bewältigt.«

Ihr Arzt kontrolliert Ihre Diät. Sie haben *noch* zehn Kilogramm zu viel.

Version B1: »Also, das heißt, ich habe *erst* drei Kilogramm abgenommen?

Durch Ihr »erst« beachten Sie nur das, was Sie bislang nicht erreicht haben. Die zu erledigende Arbeit wird für Sie so scheinbar unmöglich. Mit dieser Einstellung blicken Sie immer zurück, können sich über nichts freuen und sich auch nicht wirklich motivieren. Und gerade wenn Sie einmal zurückliegen, ist Ihre Einstellung und Selbstmotivation für den Erfolg ausschlaggebend.

Wie geht es besser?
Sie beachten, was Sie »schon« erreicht haben.
So gewinnen Sie mehr Kraft und genießen auch Teilerfolge.

Version A2: »Immerhin habe ich *schon* ein Drittel des Projekts bewältigt.«
Version B2: »Also das heißt, dass ich *schon* drei Kilogramm abgenommen habe?«

> Gerade, wenn es einmal eng wird, zählt Ihre innere
> Einstellung zu den Dingen. Ein »Schon« macht
> aus wenig mehr.

Streichen Sie »nur« und »bloß«

Wie verwenden Sie diese Wörter? Kennen Sie solche Sätze:

Version A1: »Ich sage *bloß* meine Meinung.«
Version B1: »Das war *nur* so eine Idee.«
Version C1: »Ich wollte Sie *nur* darauf hinweisen.«
Version D1: »Ich bin hier *nur* die Sekretärin.«
Version E1: »Ich habe *nur* Glück gehabt.«
Version F1: »Ich weiß *nur*, dass …«
Was haben Sie oder andere Menschen davon, wenn Sie »nur« meinen oder »bloß« Glück gehabt haben? Diese beiden Wörter wirken einschränkend bzw. kränkend und sind fast immer nutz- und wertlos. Sie tun damit wirklich niemandem einen Gefallen, werten Ihre eigenen Worte, Handlungen und Leistungen dadurch ab und drücken so einen Mangel an Persönlichkeit aus.

Wie geht es besser?
Streichen Sie die Wörter »nur« und »bloß«.
Beschreiben Sie sich selbst und andere positiv und mit Stolz.

Version A2: »Das ist meine Meinung.«
Version B2: »Das ist meine Idee.«

Version C2: »Ich möchte Sie darauf hinweisen.«
Version D2: »Ich bin hier die Sekretärin.«
Version E2: »Toll! Ich habe Glück gehabt.«
Version F2: »Ich weiß genau, dass ...«

> »Nur« und »bloß« haben in Ihrem Power-Wortschatz nichts verloren. Streichen Sie diese Wörter einfach.

Das ist »falsch«

Ein Mitarbeiter macht äußere Umstände dafür verantwortlich, dass ein Kunde einen Vertrag storniert hat. Sie wissen, dass er selbst Fehler gemacht und den Kunden verärgert hat. Sie sagen:

Version A1: »*Falsch!* Diesen Fehler haben allein Sie zu verantworten!«

Ein Kunde sagt Ihnen, dass der Wettbewerber preiswerter sei. Sie meinen:

Version B1: »Das ist *falsch!* Sie vergleichen unterschiedliche Mengen.«

Ein solches »falsch« drückt offensichtlich Rechthaberei aus. Es geht nur darum, den Anderen zurechtzuweisen, nicht um die wahren Gründe und schon gar nicht um eine sachliche Lösung. Sie zwingen Ihr Gegenüber damit verbal in eine Ecke, aus der es nicht mehr unbeschadet heraus kann. Also widerspricht oder resigniert es. In beiden Fällen schadet dies der Lösung.

Wie geht es besser?
Sie lassen Ihr »Falsch« einfach weg und hinterfragen seine Aussage. Sie zeigen dem Gegenüber, dass es hier nur um die Lösung geht. In den oben genannten Fällen z. B. durch:

Version A2: Das ist so nicht richtig. Es wäre schön, wenn Sie dafür die Verantwortung übernähmen und daraus lernen würden.«
Version B2: »Vergleichen Sie nicht unterschiedliche Mengen?«

> Auch wenn Sie Recht haben: Ihr »Falsch!« bringt Sie nicht weiter. Sie sollten Lösungen anbieten statt Machtkämpfe auszufechten.

Sagen Sie »am« oder »um« statt »gegen«

Zum Schluss eines Telefonates sagen Sie einem Interessenten:

Version A1: »Ich werde Sie *gegen* Ende der Woche wieder anrufen.«
Oder:
Version B1: »Gut. Dann rufe ich Sie morgen *gegen* elf Uhr an.«

»Gegen« sagt deutlich aus, dass Sie sich nicht festlegen wollen. Ihr Kunde könnte daraus schließen, dass Sie in Ihrer gesamten Arbeitsweise nicht sehr genau, vielleicht sogar unzuverlässig sind. Bitte überlegen Sie sich explizit, ob Sie diesen Eindruck erwecken und anderen wirklich nur ein »Gegen« anbieten wollen.

Wie geht es besser?
Haben Sie den Mut zur Aussage. Legen Sie sich fest.
Zeigen Sie dem Gesprächspartner, dass er mit Ihnen rechnen kann.

Version A2: »Ich werde Sie *am* Donnerstag dieser Woche wieder anrufen.«
Oder:
Version B2: »Gut. Dann rufe ich Sie morgen, *um* elf Uhr an.«
Oder auch: »Dann bin ich am Mittwoch, dem 6.6., *um* elf Uhr bei Ihnen.«

> Legen Sie sich bei Ihren Terminen und Zusagen bitte immer ganz konkret auf einen Termin (am ..., um ...) fest.

»Haben Sie?« und »Hat es Ihnen?«

Zum Schluss eines Telefonates sagen Sie einem Interessenten:

Version A1: »Hat es Ihnen gefallen?«
Version B1: »Darf ich Sie wieder anrufen?«
Version C1: »Gibt es Ihrerseits noch weitere Fragen?«
Version D1: »Brauchen Sie noch Informationen?«
Version E1: »Haben Sie noch einen Wunsch?«
Version F1: »Kann ich Ihnen helfen?«
Version G1: »Hat es Ihnen geschmeckt?«
Version H1: »Haben Sie einen Vorschlag, wie wir ...?«

Sie wissen: All diese Fragen sind geschlossene Konditionalfragen. Sie erhalten darauf im Regelfall eine Ja- oder Nein-Antwort. Bitte überlegen Sie sich daher sehr genau, ob Sie wirklich nur eine Entscheidung herbeiführen, also ein »Ja« oder »Nein« hören wollen oder an einer detaillierteren Antwort interessiert sind.

Wie geht es besser?
Stellen Sie überwiegend offene Fragen.
So zeigen Sie, dass Ihnen andere Meinungen wichtig sind.

Version A2: »Wie hat es Ihnen gefallen?«
Version B2: »Wann darf ich Sie wieder anrufen?«
Version C2: »Welche Fragen gibt es Ihrerseits noch?«
Version D2: »Welche Informationen brauchen Sie noch?«
Version E2: »Was kann ich noch für Sie tun?«
Version F2: »Wie kann ich Ihnen helfen?«
Version G2: »Wie hat es Ihnen geschmeckt?«
Version H2: »Welchen Vorschlag haben Sie, damit wir ...?«

Geben Sie sich bitte nur dann mit einem Ja oder Nein zufrieden, wenn Sie eine Entscheidung brauchen. »Wie«, »was«, »wer« sorgen für wertvolle Informationen.

»Ab sofort werde ich« statt »Hätte ich bloß!«

Auf der Vertriebstagung erfahren Sie, dass Sie in diesem Jahr unter 100 Verkäufern das zweitbeste Ergebnis erzielt haben. Sie resümieren:

Version A_1: »Hätte ich bloß fünf Prozent mehr gemacht, dann wäre ich der Beste.«

Oder: Sie missachten einen guten Ratschlag und machen einen Fehler. Sie sagen:

Version B_1: »Hätte ich bloß darauf gehört. Dann wäre das nicht passiert.«

Wenn Sie mit »Hätte ich bloß« auf diese Situationen reagieren, dann denken Sie rein vergangenheitsorientiert. Anstatt Ihre erzielte Leistung oder den guten Ratschlag anzuerkennen, werten Sie diese ab bzw. konzentrieren sich nur auf den gemachten Fehler. So reduzieren Sie Ihre Selbstmotivation, in der Zukunft noch mehr zu erreichen bzw. sich anders zu verhalten. Sie können die Vergangenheit nicht mehr ändern. Allein in der Zukunft liegt Ihre Chance. Definieren Sie lieber ein neues Ziel.

Wie geht es besser?
Sagen Sie lieber: »Ich werde ab sofort …«
So denken Sie zukunftsorientiert, setzen sich klare Ziele.

Version A_2: »Ich werde auf meiner guten Leistung aufbauen und ab sofort noch mehr Abschlüsse erzielen. Dann werde ich auch Erster.«
Version B_2: »Ab sofort werde ich Ratschlägen mehr Beachtung schenken.«

> »Hätte ich bloß …« lamentiert über Vergangenes
> und bringt Sie nicht weiter. »Ab sofort werde ich« –
> das ist die allerbeste Basis für klare Ziele in der Zukunft.

Wer ist »man«, und was heißt »es«?

Immer, wenn wir uns nicht festlegen wollen, dann sagen wir:

Version A1: »*Man* sollte sich einmal darum kümmern.«
Version B1: »Was daraus entsteht, wird *man* sehen.«
Version C1: »*Es* ist wichtig, sich weiterzubilden.«
Version D1: »*Man* braucht im Leben auch Glück.«
Version E1: »*Man* könnte mal ausprobieren, ob …«
Version F1: »*Es* ist unklar, wer die Schuld trägt.«

Wer ist denn »man«? Was heißt »es«? Bitte achten Sie einmal darauf: Immer, wenn Sie sich nicht festlegen wollen, kein klares Ziel vor Augen haben, dann benutzen Sie das unspezifische »Es« oder das unpersönliche »Man«. So wird garantiert nichts passieren, niemand wird die Verantwortung übernehmen. Zusätzlich wählen Sie dann oft kraftlose Konjunktive wie »Man könnte …«. Reden Sie bitte nur so, wenn Sie sich tatsächlich nicht festlegen wollen. Ansonsten spezifizieren und personalisieren Sie, damit daraus auch Wirkung entsteht.

Wie geht es besser?
Werden Sie konkret: Sagen Sie »ich«, »du«, »sie«, »wir«
So legen Sie fest, an wen Ihre Worte adressiert sind und wer die Verantwortung für eine Aufgabe übernehmen soll.

Version A2: »*Ich werde* mich darum kümmern.«
Version B2: »Was daraus entsteht, *werden wir* sehen.«
Version C2: »*Für Sie* ist es wichtig, sich weiterzubilden.«
Version D2: »*Ich brauche* im Leben auch Glück.«
Version E2: »*Wir werden* ausprobieren, wann und wie.«
Version F2: »*Für mich* ist unklar, wer die Schuld trägt.«

> Aus »man« und »es« machen Sie bitte »ich« und »sie«.

»Ich werde bzw. möchte gerne« statt »Ich muss«

Ertappen auch Sie sich sehr oft bei typischen Sätzen wie:

Version A1: »Ich *muss* mir das erst überlegen.«
Version B1: »Ich *muss* mir Ihre Akte holen.«
Version C1: »Da *muss* ich mich erst erkundigen.«
Version D1: »Ich *muss* heute noch einkaufen.«
Version E1: »Ich *muss* das erst klären, bevor ich das Falsche
      sage.«
Version F1: »Da *muss* ich Sie weiterverbinden.«

Alles, was »ich muss«, hat mit Zwang, Druck und Fremdbestimmung zu tun. Was Sie tun müssen, das tun Sie nicht freiwillig und schon gar nicht gerne. So war zumindest einmal der Ursprung des Wortes »müssen« gedacht. Heute ist die Bedeutung allerdings gerade bei diesem Wort ein wenig anders. Häufig sagen wir »ich muss« aus reiner Unachtsamkeit, Gewohnheit und offensichtlich aus Mangel an Alternativen. Es geht auch anders:

Wie geht es besser?
Sagen Sie lieber »Ich werde« oder »Ich möchte gerne«.
Das klingt für andere Ohren viel freundlicher, positiver und für Sie selbst auch erheblich selbstmotivierender.

Version A2: »*Ich werde* mir das erst überlegen.«
Version B2: »*Ich möchte* mir gerne Ihre Akte holen.«
Version C2: »Da *werde ich* mich gerne erkundigen.«
Version D2: »*Ich werde bzw. möchte gerne* heute noch einkau-
      fen.«
Version E2: »*Ich möchte* das *gerne* klären, damit ich das Rich-
      tige sage.«
Version F2: »*Ich werde bzw. möchte Sie gerne* weiterverbinden.«

> »Ich werde« bzw. »ich möchte gerne« wirkt auf andere besonders positiv, freundlich und motivierend.

Was heißt schon »eigentlich«?

Zu den am häufigsten benutzten Wörtchen gehört »eigentlich«.
Zum Beispiel:

Version A1: »Wir könnten das *eigentlich* tun.«
Version B1: »Ich bin *eigentlich* gerade beschäftigt.«
Version C1: »Was halten Sie *eigentlich* davon?«
Version D1: »*Eigentlich* spricht nichts dagegen.«

Was bedeutet »eigentlich« eigentlich? Heute wird dieser Begriff im Sinne von – ursprünglich, wirklich, genau genommen – verwendet. Anhand dieser Bedeutungen erkennen Sie schon, dass dieses Wort in vielen Fällen unsinnig, zumindest nutzlos ist. Noch dazu wirkt es einschränkend und abwägend. Wenn Sie ab heute bei sich und anderen genauer darauf achten, werden Sie feststellen, dass Sie »eigentlich« meistens streichen können. Im übrigen geht dieses Wort oft auch noch mit kraftlosen Konjunktiven und »Weg-von-Strategien« einher, wie Sie im ersten und letzten der obigen Beispiele sehen können.

Wie geht es besser?
Bitte merken Sie sich diese Faustregel:
Verwenden Sie das Wort »eigentlich« nur bei Fragen, wie »Was wollen Sie eigentlich?«, und streichen Sie es in Ihren Aussagen wie »Da haben Sie eigentlich recht«.

Version A2: »Wir können das tun.«
Version B2: »Ich bin gerade beschäftigt.«
Version C2: »Was halten Sie davon?«
Version D2: »Es spricht alles dafür.«

> »Eigentlich« können Sie sich in den meisten Fällen sparen.
> Es bringt wenig und wirkt einschränkend.

»Ich empfehle Ihnen« statt »Sie sollten bzw. müssen«

Allzu oft formulieren wir unser Anliegen in Aussagen wie:

Version A1: »*Sie sollten* sich bald entscheiden.«
Version B1: »*Sie müssen* daran denken, dass ...«
Version C1: »*Sie sollten* sich erst erkundigen.«
Version D1: »*Sie müssen* mir schon vertrauen.«
Version E1: »*Sie sollten* an Ihre Zukunft denken.«
Version F1: »*Sie müssen* sich unbedingt weiterbilden.«

Jeder Mensch liebt das Recht auf eine freie Entscheidung und das Gefühl, noch eine Wahl zu haben. Wenn Sie mit Aufforderungen wie »Sie müssen ...« oder »Sie sollten ...« argumentieren, dann setzen Sie Ihren Gesprächspartner, gewollt oder ungewollt, unter Druck, provozieren Widerstand und ein deutliches »Nein«.

Wie geht es besser?
Sagen Sie lieber »Ich empfehle Ihnen«.
Sie zeigen, dass es Ihnen um das Wohlergehen und die freiwillige Entscheidung des Kunden geht. »Empfehlen« ist ein unglaublich positiver, kraftvoller Begriff. Ein Zauberwort!

Version A2: »*Ich empfehle Ihnen,* sich bald zu entscheiden.«
Version B2: »*Ich empfehle Ihnen,* daran zu denken, dass ...«
Version C2: »*Ich empfehle Ihnen,* sich erst zu erkundigen.«
Version D2: »*Ich empfehle Ihnen,* mir zu vertrauen.«
Version E2: »*Ich empfehle Ihnen,* an Ihre Zukunft zu denken.«
Version F2: »*Ich empfehle Ihnen,* sich weiterzubilden.«

> »Ich empfehle Ihnen« wirkt auf andere wie ein Zauberwort.
> Es klingt wohlwollend und positiv.

Die Alternative zu »Ich empfehle Ihnen«

Nehmen wir nochmals die Aussagen der vorherigen Seite:

Version A1: »*Sie sollten* sich bald entscheiden.«
Version B1: »*Sie müssen* daran denken, dass ...«
Version C1: »*Sie sollten* sich erst erkundigen.«
Version D1: »*Sie müssen* mir schon vertrauen.«
Version E1: »*Sie sollten* an Ihre Zukunft denken.«
Version F1: »*Sie müssen* sich unbedingt weiterbilden.«

Eine Empfehlung wirkt auf andere immer positiv. Herrliche Alternativen zur Empfehlung sind Formulierungen dieser Art: »Ich bitte Sie« und »Ich danke Ihnen«. In der ersten Variante drücken Sie Ihren Wunsch als höfliches Ersuchen aus. Und wohl kein Mensch widerspricht gerne einer solchen Bitte. Das Wörtchen »Danke« spiegelt Ihre positive Erwartungshaltung wider. Sie sprechen in Resultaten statt Ihr Gegenüber um etwas zu bitten.

Wie geht es besser?
Wie schon erwähnt: Sagen Sie lieber »Ich empfehle Ihnen«. Oder, die Alternative: »Ich bitte Sie« bzw. »Ich bin Ihnen dankbar«.

Version A2: »*Ich bitte Sie*, sich bald zu entscheiden.«
Version B2: »*Ich bitte Sie*, daran zu denken, dass ...«
Version C2: »*Ich bitte Sie*, sich erst zu erkundigen.«
Version D2: »*Ich bin Ihnen dankbar*, wenn Sie mir vertrauen.«
Version E2: »*Ich bitte Sie*, an Ihre Zukunft zu denken.«
Version F2: »*Ich bin Ihnen dankbar*, wenn Sie sich weiterbilden.«

> »Ich bitte Sie« und »Ich bin ihnen dankbar« ist so einfach und selbstverständlich zu sagen. Diese Formeln bewirken wahre Wunder.

Was sollen »kein« und »nicht«?

Über Negationen haben wir bereits gesprochen. Was bedeutet:

Version A1: »Das ist *kein* Problem.«
Version B1: »Es ist für mich *nicht* schwierig, Ihnen zu helfen.«
Version C1: »Das fällt mir *nicht* schwer.«
Version D1: »Sie brauchen sich *nicht* aufzuregen.«
Version E1: »Mit dem Termin haben wir *keine* Schwierigkeiten.«
Version F1: »Ihre Idee ist wirklich *nicht* schlecht.«

Haben Sie sich schon einmal überlegt, was Sie mit diesen Verneinungen bewirken? Immer dann, wenn Sie »kein« oder auch »nicht« verwenden, reden Sie auf Umwegen. Sie denken und sagen, was eine Angelegenheit für Sie »nicht« ist, was Sie »nicht« wollen und womit Sie »kein« Problem haben. Diese Form der Sprache kostet Sie und andere nur Zeit, ist negativ, wirkt sehr umständlich, strengt an und weckt unangenehme Assoziationen oder verstärkt dadurch sogar Angstgefühle.

Wie geht es besser?
Denken und sprechen Sie direkt und positiv.
Streichen Sie »kein« und »nicht« aus Ihrem Wortschatz und verwenden automatisch sehr kraftvolle, positive Begriffe.

Version A2: »Das *geht in Ordnung.*«
Version B2: »Es ist für mich *einfach,* Ihnen zu helfen.«
Version C2: »Das fällt mir *leicht.*«
Version D2: »Sie können *ganz ruhig bleiben.*«
Version E2: »Den Termin werden wir *einhalten.*«
Version F2: »Ihre Idee ist wirklich *gut.*«

> Streichen Sie »kein« und »nicht« ersatzlos aus Ihrem Vokabular, und Sie reden direkt und positiv.

Typische Sonderformen von »nicht«

Hier sind einige ganz besonders typische Redewendungen, die fast immer nur in der verneinten Form verwendet werden:

Version A1: »Bitte *verstehen Sie* mich *nicht falsch*!«
Version B1: »Bitte *vergessen Sie nicht, dass* ...!«
Version C1: »Wir sollten das *nicht* aus den Augen *verlieren*!«

Natürlich kennen Sie solche Redewendungen. Wenn Sie einmal darauf achten, werden Sie feststellen, dass fast alle Menschen immer wieder Negationen verwenden. Woher kommt das? Zunächst einmal haben wir diese Sätze genauso gelernt und verinnerlicht. Dazu kommt, wie eben gesagt, dass wir diese typischen Redewendungen tagtäglich immer wieder in dieser verneinten Form zu hören bekommen. Leider lenken wir dadurch unsere Aufmerksamkeit zu 100 Prozent auf das, was wir eigentlich gerade nicht wollen. Daher gilt auch hier: Verwenden Sie bitte die »Hin-zu-Strategie«.

Wie geht es besser?
Stellen Sie diese Redewendungen positiv um.
Sagen Sie lieber immer genau, was Sie wollen und lenken Sie dadurch die volle Beachtung auf das gewünschte Ziel.

Version A2: »Bitte *verstehen Sie* mich *richtig*!«
Version B2: »Bitte *denken Sie daran* ...«
Version C2: »Wir werden das *im Auge behalten*.«

> Verwenden Sie diese Redewendungen positiv:
>
> • Bitte verstehen Sie mich richtig!
> • Bitte denken Sie daran!
> • Bitte behalten Sie das im Auge!

Nutzen Sie die »motivierende Negation«

Oft sind Sie in der Situation, anderen etwas Unangenehmes oder auch Ihre deutliche Ablehnung mitteilen zu müssen:

Version A1: »Was Sie gerade gesagt haben ist *falsch*!«
Version B1: »Sie haben das Ziel *verfehlt*!«
Version C1: »Da *muss* ich Ihnen *widersprechen*!«
Version D1: »Wir *müssen* Ihnen leider eine *Absage erteilen*!«
Version E1: »Ihre Aussage ist eine reine *Behauptung*!«

Natürlich ist es wichtig, dass Sie Ihre Meinung eindeutig vertreten und dabei auch die Wahrheit sagen. Die Frage ist, was Sie mit Ihrer Aussage letztendlich bewirken wollen: Geht es Ihnen um reine Rechthaberei, darum, Ihr Gegenüber zu demoralisieren oder sogar zu vernichten? Oder wollen Sie Ihre nicht zustimmende Haltung zum Ausdruck bringen und sich und anderen gleichzeitig Perspektiven für die Zukunft offen halten? In jedem Fall gibt es positivere, besser annehmbare und sehr viel motivierendere Möglichkeiten, Unangenehmes mitzuteilen.

Wie geht es besser?
Nutzen Sie die »motivierende Negation«.
Sie lenken die Aufmerksamkeit dorthin, wo Sie sie brauchen.

Version A2: »Was Sie gerade gesagt haben ist *nicht ganz wahr*!«
Version B2: »Sie haben das Ziel *nicht ganz erreicht*!«
Version C2: »Da kann ich Ihnen *nicht zustimmen*!«
Version D2: »Wir *können* Sie leider *nicht berücksichtigen*!«
Version E2: »Ihre Aussage entspricht *nicht ganz* den *Tatsachen*!«

> Mit der »motivierenden Negation« gestalten Sie Ihr Nicht-Zustimmen viel annehmbarer und höflicher. Sie lenken die Betonung auf das angestrebte Ziel.

Vom »Machen«, »Beschäftigen« und »Tun«

Immer wieder drücken sich Menschen sehr unspezifisch aus :

Version A1: »Wir haben es uns nicht leicht gemacht.«
Version B1: »Haben Sie sich schon an die Arbeit begeben?«
Version C1: »Ich beschäftige mich gerade mit diesem Buch.«
Version D1: »Wir tun, was möglich ist.«
Version E1: »Können Sie das für mich tun?«
Version F1: »Diese Idee beschäftigt mich.«

Wenn Sie solche Verben wie »machen, beschäftigen, tun« in Ihrer Sprache verwenden, dann lassen Sie sehr viel, manchmal zu viel, Spielraum für Deutungen zu. Sie legen sich nicht eindeutig fest. Auch hier gilt wieder: Wenn Sie dies bewusst wollen, dann können Sie natürlich so reden. In den meisten Fällen handelt es sich allerdings um eine unbewusste Angewohnheit. Besser ist es dann, Ihre Sprache zu präzisieren.

Wie geht es besser?
Sie legen sich eindeutig fest. Die allgemein umschreibenden Begriffe wie »machen«, »tun«, »beschäftigen« usw. ersetzen Sie durch Worte, die Ihre Ziele, Wünsche und Aussagen deutlich und präzise darstellen. Beispielsweise:

Version A2: »Wir haben uns nicht für Sie *entschieden*.«
Version B2: »Haben Sie schon *angefangen*, die Tabellen *aufzustellen*?«
Version C2: »Ich *lese* gerade dieses Buch.«
Version D2: »Wir *liefern*, so schnell es geht.«
Version E2: »Können Sie das für mich *schreiben*?«
Version F2: »Ich *prüfe* das Für und Wider dieser Idee.«

> Ersetzen Sie solche unspezifischen Verben wie »machen«, »beschäftigen«, »tun« durch präzise Begriffe.
> Werden Sie konkreter!

»Wann« und »wie« statt »ob«

Viel zu oft stellen wir Entscheidungsfragen wie:

Version A1: »Können Sie mir dabei helfen?«
Version B1: »Werden Sie sich entscheiden?«
Version C1: »Meinen Sie, Sie schaffen das?«
Version D1: »Würden Sie bitte die Rechnung bezahlen?«
Version E1: »Können Sie mir die Unterlagen zuschicken?«
Version F1: »Können wir uns einmal zusammensetzen?«

All diese Fragen sind so genannte Konditionalfragen. Es sind geschlossene Fragen, und Sie erhalten als Reaktion darauf oft lediglich eine Entscheidung in Form einer Ja-/Nein-Antwort. Sie wissen dann noch lange nicht, wann Sie mit einem Ergebnis rechnen können, und es bleibt vieles im Raum stehen. Bitte überlegen Sie sich ganz genau, ob Ihnen wirklich nur die Entscheidung oder auch der konkrete Termin wichtig ist.

Wie geht es besser?
Fragen Sie lieber »wann« und »wie«. So wird Ihre positive Erwartungshaltung deutlich. Es geht nicht mehr um das »Ob«, sondern nur noch um das »Wann«.

Version A2: »*Wann* können Sie mir dabei helfen?«
Version B2: »*Wann* werden Sie sich entscheiden?«
Version C2: »*Bis wann* meinen Sie, Sie schaffen das?«
Version D2: »*Wann* werden Sie die Rechnung bezahlen?«
Version E2: »*Bis wann* schicken Sie mir die Unterlagen zu?«
Version F2: »*Wann* setzen wir uns einmal zusammen?«

> Fragen Sie nicht »ob«, sondern zeigen Sie Ihre positive Erwartungshaltung durch »wann«, »wie«.

211

»Sie« und »wir« statt »ich«, »ich«, »ich«

Version A1: »*Ich* zeige Ihnen jetzt, worum es geht.«
Version B1: »*Ich* brauche noch Ihre Anschrift.«
Version C1: »*Ich* schicke Ihnen die Unterlagen zu.«
Version D1: »*Ich* werde Ihnen das gleich erklären.«
Version E1: »*Ich* werde das noch heute klären.«

Wenn Sie immer nur in der Ichform sprechen, stellen Sie sich und Ihre Handlungen zu sehr in den Vordergrund. Möglicherweise fühlt sich Ihr Gesprächspartner dadurch missachtet oder zumindest unhöflich behandelt. Wenn Sie Menschen wirklich überzeugen wollen, dann fragen Sie sich bitte: Was ist wichtig?

Wie geht es besser?
Reden Sie wirkungsbezogen und in der Sie- oder Wirform. Formulieren Sie so, dass der andere seinen Nutzen erkennt. Die Sieform zeigt: Es geht um die Wünsche/Ziele anderer

Version A2: »*Sie* sehen jetzt, worum es geht.«
Version B2: »Bitte geben *Sie* mir Ihre Anschrift.«
Version C2: »*Sie* erhalten die Unterlagen per Post.«

Das »Wir« schafft wertvolle Gemeinsamkeiten.

Version D2: »*Wir* gehen das gemeinsam durch.«
Version E2: »*Wir* kommen noch heute zu einer Lösung.«

> Wirkungsorientierte Worte machen den Nutzen für Ihre Gesprächspartner deutlich. Die Sie- bzw. Wirform verbindet und stellt auch die Angesprochenen in den Mittelpunkt.

Streichen Sie »nie«, »jeder«, »alle«, »immer« aus Ihrem Repertoire

Besondere Situationen werden schnell so verallgemeinert:

Version A1: »*Nie* hilft mir jemand.«
Version B1: »Sie kommen *immer* zu spät.«
Version C1: »*Alle* Menschen sind doch nur neidisch.«
Version D1: »*Jeder* weiß, wie schlecht die Umsatzzahlen sind.«
Version E1: »Meine Kunden wollen *immer* Rabatte.«
Version F1: »Ich ziehe *immer* den Kürzeren, wenn ich mit ihm verhandle.«

Hüten Sie sich vor solchen schädlichen Verallgemeinerungen. Sie bewirken dadurch nichts Positives und machen aus unserer Welt voller besonderer Menschen und spezifischer Situationen einen wertlosen Einheitsbrei. Sie schränken nämlich sowohl Ihren Horizont für neue Ziele als auch Ihre Offenheit, Toleranz und Ihre positive Erwartungshaltung zu Ihrem Nachteil ein.

Wie geht es besser?
Streichen Sie Verallgemeinerungen. Überlegen Sie, »was« genau, »wen« es betrifft, »wann« es passiert ist. Finden Sie Lösungen und definieren Sie neue Ziele.

Version A2: »*Bei dieser Sache* hilft mir jemand.«
Version B2: »Sie kommen *in letzter Zeit* zu spät.«
Version C2: »*Viele* Menschen sind doch nur neidisch.«
Version D2: »*Wir* wissen, wie schlecht die Umsatzzahlen sind.«
Version E2: »Meine Kunden wollen *manchmal* Rabatte.«
Version F2: »Ich ziehe *oft* den Kürzeren, wenn ich mit ihm verhandle.«

> Verallgemeinerungen wie »nie«, »jeder«, »immer« und »alle« sorgen für eine negative Gegenwart und sehr eingeschränkte Möglichkeiten in der Zukunft.

Setzen Sie Zeichen mit »Wie gut?« statt »Wie?«

Offene Fragen wie diese bringen Ihnen zahlreiche Informationen:

Version A₁: »Wie hat es Ihnen gefallen?«
Version B₁: »Welche Fragen gibt es Ihrerseits noch?«
Version C₁: »Welche Informationen brauchen Sie noch?«
Version D₁: »Wie hat es Ihnen geschmeckt?«
Version E₁: »Welchen Vorschlag haben Sie, damit wir ...?«
Version F₁: »Wie finden Sie meine Idee?«

Jetzt kommt es auf Ihre wahre Persönlichkeit und Zielsetzung an. Ist es Ihnen wirklich egal, welche Informationen Sie erhalten, oder wollen Sie diese schon im Vorfeld positiv steuern?
Denn es gibt eine sehr einfache und besonders wirkungsvolle Möglichkeit, auf die Reaktionen anderer Einfluss zu nehmen.

Wie geht es noch besser?
Sie ergänzen Ihre offene Frage um ein zielsetzendes Wort. Denn: Durch ein einziges Wort haben Sie die Möglichkeit, die Antwort in die gewünschte und positive Richtung zu lenken. Sie lenken die Gedanken weg von der Frage, ob beispielsweise Ihre Idee gut war oder auch nicht, hin zu der gewünschten Bedeutung.

Version A₂: »Wie *sehr* hat es Ihnen gefallen?«
Version B₂: »Welche *dringenden* Fragen gibt es Ihrerseits noch?«
Version C₂: »Welche *entscheidenden* Informationen brauchen Sie noch?«
Version D₂: »Wie *gut* hat es Ihnen geschmeckt?«
Version E₂: »Welchen *besonderen* Vorschlag haben Sie, damit wir ...?«
Version F₂: »Wie *wertvoll* finden Sie meine Idee?«

> Das richtige Wort lenkt die Bedeutung Ihrer offenen Frage in die gewünschte Richtung. Aus »wie?« wird z.B. »wie gut?«. So beeinflussen Sie Reaktionen positiv.

Power-Sprache im Überblick

negativ ⟶ *positiv und kraftvoll*

negativ	positiv und kraftvoll
Ich muss/sollte/könnte/versuche …	Ich will/möchte/werde gerne …
Ich komme gegen drei Uhr.	Ich komme um drei Uhr.
Ich weiß nicht, ob …	Ich kläre das gerne.
Ich kümmere mich mal darum.	Ich erledige/prüfe/kläre das sofort.
Ich frage mal nach.	Ich erledige/prüfe/kläre das sofort.
Ich soll Sie zurückrufen.	Sie baten um meinen Rückruf.
Ich möchte mich vorstellen.	Ich mache mich mit Ihnen bekannt.
Ich weiß es gerade nicht.	Ich werde das gerne klären.
Ich glaube das nicht.	Sind Sie sich sicher?
Ich schaffe es nicht.	Ich gebe mein Bestes.
Ich kann das nicht gut.	Ich mache Fortschritte.
Ich rufe Sie wieder an.	Wann darf ich Sie wieder anrufen?
Ich muss Sie weiterverbinden.	Ich verbinde Sie gerne mit …
Ich gebe Ihnen wieder Bescheid.	Ich informiere Sie bis …
Ich glaube, dass das nicht geht.	Wie kommen wir da weiter?
Ich bin dafür nicht zuständig.	Ich kläre das gerne für Sie.
Ich kann nichts dafür, dass …	Ich verstehe, dass …
Wir müssen weitermachen.	Ich lade Sie ein weiterzumachen.
Das glauben Sie doch selbst nicht.	Sind Sie sich wirklich sicher?

Power-Sprache im Überblick

negativ ⟶ *positiv und kraftvoll*

negativ	positiv und kraftvoll
Das kann so nicht sein.	Sind Sie sich da ganz sicher?
Das müssen Sie entschuldigen.	Bitte entschuldigen Sie.
Sie irren sich da.	Verstehe ich Sie richtig?
Sie haben mich falsch verstanden.	Ich habe mich undeutlich ausgedrückt.
Sie müssen bedenken ...	Bitte bedenken Sie ...
Sie sollten unbedingt ...	Ich empfehle Ihnen ...
Sie wissen, dass ...	Sind Sie nicht auch der Ansicht ...?
Können Sie mir noch einmal ...?	Helfen Sie mir bitte noch mal.
Hätte ich bloß ...	Ich werde das ab sofort ändern.
Möglicherweise ...	Definitiv bis ...
Erst ...	Schon, bereits ...
Dafür brauchen wir aber lange.	Dafür nehmen wir uns gerne Zeit.
Trotzdem	Gerne
Unmöglich	Schwierig/ herausfordernd
Nein!	Ja!
Vielleicht/eventuell	Bestimmt
Demnächst	Am ...
Problem	Aufgabe/Herausforderung
Kosten	Investitionen
Billig/teuer	Preiswert/wertvoll, anspruchsvoll
Ehrlich gesagt	War zuvor alles unehrlich?
Verlangen	Wünschen

Die Top-30-Killerphrasen

Hier sehen Sie die Aufstellung der Top-30-Killerphrasen. Wir verwenden Sie alle, meistens allerdings unbewusst und aus reiner Gewohnheit. Obwohl wir mit diesen Redewendungen uns und andere ärgern, negativ programmieren und häufig sogar verletzen.

Die Top-30-Killerphrasen von A-Z

1. Ja, aber...
2. Doch...
3. Ehrlich gesagt...
4. Das ist falsch...
5. Ich werde mal...
6. Man könnte mal versuchen...
7. Ich will Sie nicht langweilen!
8. Ich muss...
9. Nein!
10. Ich meine nur...
11. Ich bin hier nur...
12. Ich weiß nicht, ob...
13. Kein Problem...
14. Das ist schwierig bzw. unmöglich!
15. Ja, (aber) trotzdem...
16. Ich werde versuchen...
17. Ich meine,...
18. Ich, ich, ich...
19. Verstehen Sie mich bitte nicht falsch!
20. Bitte vergessen Sie nicht...!
21. Nicht aus den Augen verlieren!
22. Ich meine nichts anderes als...
23. Sie müssen schon...
24. Da muss ich Sie weiterverbinden.
25. Sie müssen schon entschuldigen...
26. Sie irren sich...
27. Jeder weiß doch...
28. Da muss ich Ihnen widersprechen!
29. Da täuschen Sie sich!
30. Dafür bin ich nicht zuständig.

56 Erfolgsimpulse für den Weg an die Spitze

Hier ist Ihre persönliche Checkliste, mit der Sie den Erfolg Ihrer Kommunikation ganz einfach üben und festigen können. Bitte nehmen Sie diese wertvolle Liste immer wieder einmal zur Hand. Lesen und verinnerlichen Sie die einzelnen Impulse, und stellen Sie fest, wie weit Sie schon mit Ihrer sprachlichen Entwicklung gekommen sind. Genießen Sie all die herrlichen, wirksamen Möglichkeiten und den großartigen Erfolg, der sich durch jede einzelne Wiederholung verstärkt. Am besten kopieren Sie sich diese Erfolgsliste. Nutzen Sie die fantastische Möglichkeit, sich damit auf wichtige Anlässe vorzubereiten und neu zu motivieren. Und: Prüfen Sie (oder auch andere), wie gut es bei Ihnen um die einzelnen Faktoren steht. Jede Wiederholung wirkt fantastisch und bringt Sie einen riesigen Schritt weiter auf Ihrem erfolgreichen Weg zu: So rede ich mich an die Spitze.

1. Lachen Sie oft!
Sie erfreuen damit sich und andere. Ihr Lachen wirkt in jeder (Gesprächs-)Situation erfrischend und ansteckend. Menschen, die lachen, werden beachtet, wirken offen, ehrlich und positiv. Alles, worüber Sie lachen, können Sie ändern.
⇒ *Ein Lachen bereichert unser Leben!*

2. Ordnen Sie Ihre Gedanken!
Sie üben regelmäßig, Ihre Gedanken zu ordnen und auch zu präzisieren.
⇒ *Klare Gedanken für klare Worte!*

3. Definieren Sie (Gesprächs-)Ziele!

Sie überlegen sich immer vor einer (Gesprächs-)Situation, was Sie mit Ihren Worten genau bewirken wollen.

⇒ *Ziele motivieren uns und andere!*

4. Denken – Fühlen – Erleben – Verhalten: das Magische Viereck!

Sie denken immer an diesen besonders wertvollen Zusammenhang. Sie wissen, dass Sie dieses Glücksquadrat an mehreren Stellen für sich aktivieren können.

⇒ *Aktivieren Sie Ihr Glücksquadrat!*

5. Motivieren Sie sich zu guter Laune!

Sie bringen sich vor, während und nach einem Gespräch immer wieder einmal selbst und aktiv in eine gute Stimmung. Dazu nutzen Sie die Macht positiver Wörter oder die stimulierenden Adrenalinstöße besonders schöner Erinnerungen.

⇒ *Unser Gefühl bestimmt die Erwartung!*

6. Stimmen Sie sich auf das Gespräch ein!

Sie machen sich schon lange im Voraus ein klares Bild über Ihre Gesprächspartner, die Stimmung, den voraussichtlichen Ablauf. Sie entwickeln durch Ihre positive Erwartungshaltung ein sehr attraktives Zielbild.

⇒ *Erwartungen beeinflussen die Realität!*

7. Sprechen Sie andere mit Namen an!

Sie sprechen andere Menschen zu Beginn, am Ende und während des Gespräches immer wieder einmal mit ihrem Namen an. So wird das Gespräch noch sehr viel freundlicher, persönlicher und auch verbindlicher.

⇒ *Namen sind die Schlüssel zu Menschen!*

8. Halten Sie Blickkontakt!

Sie nutzen den wohl kürzesten Weg zwischen Menschen. Schauen Sie Ihrem Gegenüber zu Beginn und dann regelmäßig in die Augen. So drücken Sie Offenheit, Stärke, Ent-

schlossenheit aus und lesen viele Antworten, die Ihnen der andere mit Worten nicht gibt. Eben Blickkontakt.
⇒ *Der Blickkontakt sagt viel über Sie bzw. andere aus!*

9. **Werden Sie zum Meister der Wahrnehmung**
Sie beobachten alles um sich herum ganz genau und erhalten viele wertvolle Informationen über Ihren Gesprächspartner. Sie erkennen z. B. seine momentane Stimmung, können darauf eingehen.
⇒ *Wahrnehmung liefert die besten Informationen!*

10. **Sorgen Sie für ein gutes Klima!**
Sie beobachten Ihr Gegenüber sehr genau und gleichen sich seiner Stimmung, (Körper-)Sprache, Sprech- und Verhaltensweise so gut es geht an. Dadurch sorgen Sie für viele Übereinstimmungen.
⇒ *Eine gemeinsame Wellenlänge heißt: Einklang!*

11. **Achten Sie auf die Beziehungsebene!**
Sie wissen, dass meistens hier über Ihren Erfolg entschieden wird. Es kommt auf die Art und Weise an.
⇒ *Die Beziehungsebene schafft Sympathie und Vertrauen!*

12. **Erkennen bzw. nutzen Sie die sinnliche Sprache!**
Sie können einschätzen, ob Ihr Gegenüber bevorzugt visuell, auditiv oder kinästhetisch denkt. Sie passen sich dessen sinnlicher Sprache so gut es geht an.
⇒ *Die beste Sprache für Sie ist die Ihres Gegenübers!*

13. **Achten Sie auf die Augenbewegungen!**
Sie wissen, dass auch die Augenbewegungen eines Menschen Indizien für den bevorzugten Sinneskanal sein können. Gehen Sie mit den Erkenntnissen daraus sehr vorsichtig um!
⇒ *Auch die Augenbewegungen liefern Informationen!*

14. Präsentieren Sie typgerecht!

Sie wissen, dass z. B. für einen visuellen Typen ganz andere Informationen zählen als für den auditiven.

⇒ *Vor Gruppen präsentieren Sie auf drei Sinneskanälen!*

15. Überlegen Sie, bevor Sie reden!

Zuerst überlegen Sie, was Sie erreichen wollen, wie Sie vorgehen, warum Ihnen andere zustimmen bzw. helfen sollen.

⇒ *Eine klare Gesprächsstrategie wirkt!*

16. Reden Sie empfängerorientiert!

Sie achten bei jeder Frage und Aussage sehr genau darauf, was beim anderen ankommt, das heißt, wie er darauf reagiert. Die Reaktion bestimmt Ihr nächstes Wort.

⇒ *Es zählt nur, was beim anderen ankommt!*

17. Sorgen Sie für positive Erwartungen (Framing)!

Zeigen Sie gleich zu Beginn des Gesprächs, dass den Zuhörer etwas Besonderes erwartet. So steigern Sie die Aufmerksamkeit und sorgen für eine sehr positive Erwartungshaltung.

⇒ *Ihre ersten Worte bestimmen die Erwartung!*

18. Reden bzw. fragen Sie in Überschriften!

Sie reden und fragen immer in prägnanten Überschriften. Erst kommt das Thema, dann die erklärenden Details. So machen Sie es anderen leicht, Ihren Gedanken zu folgen.

⇒ *Ankündigende Überschriften sind wertvoll!*

19. Reden Sie eindeutig, und bringen Sie alles auf den Punkt!

Sie reden nur, wenn Sie wirklich etwas zu sagen haben. Dann werden Sie in Ihren Aussagen eindeutig, sortieren Wichtiges von Unwichtigem und alle anderen wissen genau, was Sie meinen bzw. wollen.

⇒ *Zielbewusste Menschen wählen klare Worte!*

20. Sprechen Sie deutlich und betont!
Sie achten auf Ihre deutliche Aussprache, damit jedes einzelne Wort verstanden wird. Sie betonen die wichtigsten Schlüsselwörter, um diesen eine ganz besondere Bedeutung zu verleihen. Sie lenken, was beim Zuhörer ankommt.
⇒ *»Wie« Sie reden entscheidet über den Erfolg!*

21. Stellen Sie viele (offene) Fragen!
Sie gehören zu den Menschen, die durch häufige offene W-Fragen sehr viele neue Informationen erhalten. Sie fragen lieber, statt etwas zu behaupten. So lenken Sie die Gedanken anderer.
⇒ *Wer fragt, führt. Er lenkt, was der andere denkt!*

22. Quittieren Sie!
Sie reagieren auf Fragen, Aussagen, Komplimente. Zunächst mit anerkennenden Worten, erst dann mit Ihrem nächsten Gedanken bzw. mit Ihrer Antwort.
⇒ *Quittieren ist aktive Anerkennung und motiviert!*

23. Hören Sie aktiv und aufmerksam zu!
Sie sind ein geduldiger, aktiver und aufmerksamer Zuhörer. Beim Zuhören haben Sie die Gelegenheit, Ihr Gegenüber intensiv zu beobachten, seinen Gedanken zu folgen und sich bereits auf Ihre nächste Frage oder Aussage vorzubereiten.
⇒ *Aktives Zuhören ist die beste Basis zum Reden!*

24. Machen Sie (Spannungs- bzw. Wirkungs-)Pausen!
Sie setzen das besonders wirksame Mittel der Pausengebung bewusst und aktiv als sprachliches Mittel ein. Sie erzeugen Spannung durch Pausen vor und mehr Wirkung durch Pausen nach einer wichtigen Aussage.
⇒ *Durch Pausen haben Zuhörer Zeit zum Verstehen und Sie zum Denken und Atmen. Ihre Worte können wirken.*

25. Schweigen Sie gezielt!

Sie nutzen diese besonders wirkungsvolle Form der aktiven Pause, um Ihren Worten, Ihrer Meinung oder Ihrem letzten Angebot Nachdruck zu verleihen. Denn Sie schweigen, wenn Sie nichts mehr zu sagen bleibt.
⇒ *Wenn Sie schweigen, dann wirken Sie!*

26. Loben Sie, und geben Sie Ihrer Anerkennung Ausdruck!

Sie nutzen das Lob als Motivator für sich und andere. Sie sind verschwenderisch mit berechtigter Anerkennung und loben gerne sofort, angemessen und sehr ausdrücklich.
⇒ *Ihr Lob zeigt Wertschätzung und Größe!*

27. Leben Sie Toleranz!

Sie sind offen und sehr tolerant gegenüber anderen Meinungen. Sie akzeptieren diese nicht nur, sondern sind neugierig darauf, sich um neue und andere Standpunkte zu bereichern.
⇒ *Ihre Toleranz lässt Sie viel Neues entdecken!*

28. Nutzen Sie die Kunst des Umdeutens (Reframing)!

Sie ändern bei sich oder anderen den Blickwinkel, rücken Tatsachen in ein anderes Licht und sorgen dadurch für neue oder zusätzliche Möglichkeiten.
⇒ *Deuten Sie den Zusammenhang bzw. die Sicht der Dinge um.*

29. Begrüßen Sie Einwände!

Sie reagieren auf Einwände positiv, verständnisvoll und zuversichtlich. Einwände signalisieren Interesse, bieten neue Chancen. Zuerst drücken Sie Ihre Zustimmung aus und verbinden diese dann durch ein »und« mit Ihrem Vorschlag oder hinterfragen das Motiv für den Einwand gezielt.
⇒ *Einwände signalisieren Erfolgspotenzial!*

30. Sagen Sie öfter »und«!

Sie wissen um die Macht dieses Zauberworts. Es reduziert

Widerstände und verbindet unterschiedliche Meinungen zu einer gemeinsamen.

⇒ *»Und« statt »aber«, »trotzdem«, »dennoch« usw. lautet die Devise!*

31. Sagen Sie »ja« oder »nein«!

Sie haben mehr zu bieten als ein »Vielleicht«. Sie vertreten Ihren Standpunkt, sind tolerant gegenüber anderen Meinungen und müssen sich nicht immer einigen.

⇒ *Ein »Ja« oder »Nein« zeigt klare Standpunkte!*

32. Entscheiden Sie dafür!

Sie entscheiden sich stets für ein neues Ziel und nicht gegen ein Problem oder einen Missstand.

⇒ *»Dafür« signalisiert ein klares und positives Ziel!*

33. Vermeiden Sie »Doch«!

Bitte überlegen Sie genau, wann Sie das Wörtchen brauchen.

⇒ *»Doch« ist schroff, unhöflich und rücksichtslos!*

34. Vermeiden Sie »vielleicht«, »eventuell« und »eigentlich«

Sie wissen, wie wenig diese Wörter bringen und wie viel Unsicherheit oder Inkompetenz Sie dadurch ausstrahlen.

⇒ *Wählen Sie Wörter, die Sie und andere weiterbringen!*

35. Vermeiden Sie Konditionalfragen!

Sie geben sich nur dann mit Ja oder Nein zufrieden, wenn Sie wirklich eine Entscheidung brauchen. Die meisten Konditionalfragen sind unnötig, weil wir im Grunde genommen mehr wissen wollen, als Ja oder Nein.

⇒ *»Wie«, »was«, »wer« usw. bringen mehr Informationen!*

36. Sagen Sie »bitte« und »danke«!

Sie wissen um die Macht dieser beiden Zauberwörter. Immer, wenn Sie etwas wollen, sagen Sie »bitte« und wenn Sie etwas bekommen haben, auch »danke«. Das ist Motivation pur für Ihr Gegenüber.

⇒ *Ihr »bitte« und »danke« wirkt motivierend!*

37. Sagen Sie, was Sie wollen!

Sie sagen immer, was Sie wollen und nicht, was Sie nicht wollen. Sie praktizieren die Hin-zu-Strategie und vermeiden störende Negationen. Aus:»Ich will das nicht«, machen Sie ein klares Zielbild:»Ich will XY erreichen.«
⇒ *Die Hin-zu-Strategie führt direkt zum Ziel!*

38. Erfragen Sie Ziele und Werte!

Sie hinterfragen im Verkaufsgespräch immer erst die Ziele (Was erwarten Sie von …?) und Werte (Was ist Ihnen am Ziel wichtig?), bevor Sie selbst informieren. Erst dann passen Ihre Argumente auch.
⇒ *Ziele und Werte führen uns zum Kaufmotiv!*

39. Erfragen Sie Kaufstrategien!

Nach Zielen und Werten hinterfragen Sie:

* **Hin-zu-** oder **Weg-von-Strategie**?
  Warum ist Ihnen ein Wert wichtig?
* **Alt** oder **neu** bzw. **Tradition** oder **Innovation**?
  Wenn Sie kaufen, worauf achten Sie?
* **Gleichheit** oder **Verschiedenheit**?
  Wollen Sie das Gleiche oder etwas anderes?
* **Interner** oder **externer Entscheider**?
  Wann wissen Sie, dass Sie das Richtige haben?
  Wie wissen Sie, dass Sie das Richtige haben?
* **Globale** oder **spezifische** Informationen?
  Benötigen Sie gleich alle Details, oder reicht Ihnen jetzt erst einmal ein Überblick?

⇒ *Die Kaufstrategie ist der Schlüssel zum Erfolg!*

40. Hinterfragen Sie!

Sie hinterfragen fehlende bzw. ungenaue Informationen, Vergleiche, Verallgemeinerungen und Regeln durch Fragen wie:»Was meinen Sie mit …?«,»Was heißt für Sie …?«,

»Was hält Sie davon ab?« und »Verglichen womit?«. So sammeln Sie viele wertvolle Informationen und erweitern eingeschränkte Möglichkeiten. Sie kommen von der Oberfläche zu den Hintergründen und der Tiefenstruktur der Sprache.
⇒ *Fragen bringen Hintergründe ans Tageslicht!*

41. Nutzen Sie die unspezifische Sprache!
Sie setzen zu Beginn eines (Verkaufs-)Gesprächs die unspezifische Sprache ein, um Interesse zu wecken, Zeit zu gewinnen und Polarisierungen zu vermeiden.
⇒ *Die unspezifische Sprache zielt auf allgemeine Wünsche!*

42. Senden Sie versteckte Botschaften!
Sie arbeiten auch hin und wieder mit Botschaften zwischen den Zeilen: Bevor Sie sich dafür entscheiden, fassen wir noch einmal zusammen.
⇒ *Diese Botschaften wirken auf der unbewussten Ebene!*

43. Nutzen Sie versteckte Befehle!
Sie wissen, dass Sie mit verneinten Befehlen viel erreichen: Denken Sie bitte nicht an die vielen wertvollen Chancen.
⇒ *Versteckte Befehle wirken auf der unbewussten Ebene!*

44. Streichen Sie Verallgemeinerungen!
Sie verzichten auf »nie«, »jeder«, »immer«, »alle«, weil diese Ihre Möglichkeiten in der Zukunft reduzieren.
⇒ *Verallgemeinerungen reduzieren Möglichkeiten!*

45. Verwenden Sie den Indikativ!
Sie vermeiden solche kraftlosen Konjunktive wie: »Ich könnte, ich würde« usw. und ersetzen diese durch: »Ich kann, ich werde«.
⇒ *Indikative zeigen Ihre Entschlossenheit!*

46. Sagen Sie, wer!
Sie wissen genau, was »man sollte mal« aussagt: Jeder andere soll, nur nicht Sie selbst. So bleiben Ziele immer from-

me Wünsche. Sie werden deutlich mit:»ich«,»wir«,»sie«.
⇒ *Personalisierte Aussagen führen zu Taten!*

47. Vermeiden Sie Negationen!

Sie verzichten auf »kein« und »nicht« sooft Sie können.
Negationen sind negativ motivierende, wertlose und störende sprachliche Gewohnheiten.
⇒ *Negationen beachten genau das, was Sie nicht wollen!*

48. Nutzen Sie die motivierende Negation!

Sie gestalten Ihr »Nicht-Zustimmen« so viel höflicher. Und Sie lenken die Betonung auf das angestrebte Ziel.
⇒ *»Nicht ganz wahr« ist annehmbarer als »falsch«!*

49. Empfehlen Sie!

Sie wissen, dass »Ich empfehle Ihnen« auf andere wie ein Zauberwort wirkt. Es klingt wohlwollend und positiv.
⇒ *»Ich empfehle Ihnen« ist motivierender als »Sie müssen«!*

50. Streichen Sie »nur« und »bloß«!

Sie vermeiden diese beiden Wörter, weil diese auf Sie und andere abwertend, einschränkend, kränkend wirken.
⇒ *»Nur« und »bloß« haben in Ihrem Wortschatz nichts verloren!*

51. Nutzen Sie die Sie- bzw. Wirform!

Sie sprechen so automatisch wirkungsorientiert. Es zählt nicht, was Sie tun, sondern was andere davon haben.
⇒ *»Sie« bzw. »Wir« verbinden und rücken die Angesprochenen in den Mittelpunkt!*

52. Legen Sie sich fest!

Sie legen sich mit Ihren Fragen und Aussagen genau fest.
Sie verwenden nur konkrete Zahlen, präzise Angaben und terminieren am …, um …
⇒ *Klare Worte bringen konkrete Reaktionen!*

53. Nutzen Sie Magic Words!

Sie kommunizieren auf der besonders wertvollen emotionalen Beziehungsebene. Sie praktizieren mit Ihren Magic Words ganz legale Zauberei, wecken intensive Gefühle und ziehen andere in Ihren Bann. Sie machen aus Worten Fantasien.

⇒ *Magic Words aktivieren unsere fünf Sinne!*

54. Seien Sie souverän statt schlagfertig!

Unfaire, provozierende verbale Angriffe nehmen Sie nicht persönlich. Sie lassen sich nicht einfach aus der Fassung bringen und fremdbestimmen.

⇒ *In der souveränen Reaktion liegt die Freiheit!*

55. Ändern Sie feste Redewendungen

Sie stellen altgewohnte, negativ wirkende Redewendungen einfach positiv um:

- Bitte verstehen Sie mich richtig (statt »nicht falsch«)!
- Bitte denken Sie daran (statt »vergessen Sie nicht«).
- Bitte behalten Sie im Auge (statt »nicht aus den Augen verlieren«).

⇒ *Auch gewohnte Redewendungen können Sie ändern!*

56. Denken Sie immer daran!

Erfolg in der Kommunikation hängt ab:

- im persönlichen Gespräch –
  zu *55 Prozent* von der Körpersprache,
  zu *38 Prozent* von der Art und Weise, wie Sie sprechen,
  zu *7 Prozent* vom Inhalt, d. h., von dem, was Sie sagen.
- im telefonischen Gespräch –
  zu *88 Prozent* von der Art und Weise, wie Sie sprechen,
  zu *12 Prozent* vom Inhalt, d. h. von dem, was Sie sagen.

⇒ *Achten Sie besonders auf das »Wie«!*

Anhang

Ergebnisse und Lösungen

Wertvolle Grundannahmen der Kommunikation (vgl. S. 47)

1. Sprache ist *nur ein Teil* der Kommunikation.
2. Kommunikation ist die *wechselseitige* Beeinflussung.
3. Jeder Mensch hat ein Recht auf seine eigene *Realität* und sein individuelles *Weltbild*.
4. *Erfolgreiche Kommunikation* ist erst dann möglich, wenn die Legitimität fremder Weltbilder anerkannt wird.
5. Kommunikation *findet immer statt*. Auch dann, wenn nichts gesagt wird!
6. Es ist entscheidend, was beim anderen *ankommt*. Nicht das, was gesagt wurde.
7. Kommunikation ist geprägt von *Verallgemeinerungen, Tilgungen* und *Verzerrungen*.
8. *Verallgemeinerungen* sind die Grundübel der Kommunikation!
9. Worte haben für jeden Menschen *eine andere Bedeutung*.
10. Kommunikation findet immer auf *zwei Ebenen* statt.
11. Die *Beziehungsebene* ist oft sehr viel bedeutender als die *Sachebene*.
12. Es ist besonders wertvoll, sich um den *Standpunkt* anderer Menschen zu bereichern.

Lösungsbeispiel für einen Zielworkshop (vgl. S. 73)

1. Definieren/formulieren Sie Ihr nächstes Gesprächsziel:
   (Wählen Sie eine positive Formulierung, sagen Sie, was Sie erreichen wollen).

- *Einen mitreißenden, werbewirksamen Vortrag zu halten mit dem Thema: So reden Sie sich an die Spitze – Sprache als Erfolgsinstrument.*

2. Warum haben Sie sich dieses Ziel gesetzt?

- *Um Menschen für dieses Thema zu begeistern.*
- *Um mein neues Buch zu präsentieren.*

3. Was genau ist Ihnen daran persönlich wichtig?

- *Vor einer großen Menschenmenge über dieses Thema zu sprechen.*
- *Mehr Erfahrung und Übung im Vortragen zu bekommen.*

4. Welchen Nutzen bietet *Ihnen* dieses Ziel?

- *Ein werbewirksamer Auftritt bringt neue Interessenten für meine Seminare.*

5. Welchen Nutzen bietet dieses Ziel *anderen*?

- *Die Interessenten können sich unverbindlich informieren.*
- *Möglicherweise einen interessanten Schnuppervortrag oder eine Buchpremiere mit Signierstunde erleben.*

6. Was sind Ihre *wichtigsten* Argumente *für* dieses Ziel?

- *Werbung für mein Unternehmen.*
- *Neukundengewinnung.*
- *Erhöhte Aufmerksamkeit in den Medien erzeugen.*

7. Welche Argumente sind eher untergeordnet *(nur eine Reserve)*?

- *Das Vortragshonorar.*
- *Die Möglichkeit, an meiner Vortragstechnik zu feilen.*

8. Was ist also letztendlich *der Kern* Ihres Zieles?

- *Neukundengewinnung für die Folgeseminare.*
- *Einen besonderen Anlass zu schaffen, der die Medien interessiert.*

9. Was bieten *Sie* bzw. bringen *Sie* dafür ein?

- *Einen spannenden lebendigen Vortrag.*
- *Neue Erkenntnisse zu sprachlichen Mitteln und Möglichkeiten.*
- *Praktische Übungen, die zeigen, dass es funktioniert.*

10. Was genau erwarten Sie von den anderen?

- *Interesse und Offenheit.*
- *Lust darauf, viel Neues zu entdecken und aktiv mitzumachen.*
- *Dass sie hoffentlich hohe Erwartungen an mich und diesen Abend haben.*

11. Warum sollten andere Sie unterstützen/Ihnen vertrauen bzw. für Sie tätig werden oder Ihr Produkt kaufen usw.?

- *Weil sie nach diesem Vortrag Lust auf mehr bekommen.*
- *Weil sie mich und meine humorvolle, motivierende Art kennen lernen.*

12. Wie begeistern und motivieren Sie Ihre Gesprächspartner?

- *Indem ich das Thema lustig und mit praktischen Beispielen aufbereite.*
- *Ich gehe ins Publikum, stelle Fragen und hole eventuell Personen auf die Bühne.*

13. Wie wollen Sie im Gespräch überhaupt vorgehen? Was ist wichtig? *(Einstieg, Darstellung der Argumente, Fazit, usw.)*

- *Starker Anfang mit einer kernigen, provozierenden Aussage.*

231

- *Drei besonders wertvolle Highlights im Mittelteil.*
- *Zu jedem Highlight ein praktisches Beispiel bzw. eine Übung.*
- *Abschluss mit Darstellung der Chancen und Aufforderung zum Handeln.*

14. Welche konkreten Fragen aus dem Publikum könnten auftreten?

- *Soll ich jedes Gespräch im Voraus planen?*
- *Wie genau werde ich durch meine Sprache erfolgreicher?*
- *Wie lerne ich, mit Lampenfieber besser umzugehen?*
- *Was kann ich konkret tun, um meine Sprache zu verbessern?*

15. Wie beantworten Sie diese Fragen?

- *Nur diejenigen, in denen Sie ein bestimmtes Ziel erreichen wollen.*
- *Indem Sie mehr Wirkung auf sich und andere ausüben.*
- *Durch Übung und eine klare Vorstellung, was Sie wollen.*
- *Ihre Sprache braucht wie Ihr Körper Training.*

16. Welche sonstigen Reaktionen bzw. Ereignisse erwarten Sie? *(positive, negative, kritische, ablehnende usw.)*

- *Zuschauer treffen verspätet ein.*
- *Technische Störungen treten auf.*
- *Einzelne Gruppen unterhalten sich während des Vortrags.*
- *Nicht direkt zum Thema passende Zwischenfragen werden gestellt.*
- *Einzelne Zuschauer antworten auf eine direkte Frage nicht.*

17. Wie bereiten Sie sich auf diese Reaktionen vor?

- *Indem ich pünktlich anfange, da ich erst noch fünf Minuten anmoderiert werde.*
- *Indem ich einen Assistenten beauftrage, wichtige Technik doppelt, ansonsten Probleme offen anzusprechen.*

- *Indem ich den Vortrag stoppe, leiser rede oder auf diese Zuschauer zugehe.*
- *Indem ich, lobend quittierend, ein Pausengespräch oder andere Podien anbieten.*

18. Welche kritischen Fragen würden Sie sich selbst stellen?

- *Wo fängt bewusstes Sprechen an, wo hört Natürlichkeit auf?*
- *Woran sollte ich zuerst arbeiten, um meine Sprache zu verbessern?*
- *Was habe ich konkret von von einem solchen Abendvortrag?*
- *Wie kann ich gemeinsam mit anderen Menschen Übungsplattformen finden?*

19. Wie überprüfen Sie bereits *im Gespräch*, ob und wie Ihr Ziel bzw. Ihre Strategie ankommt *(Feedback)*?

- *Durch Wahrnehmung der Mimik, Gestik und Körpersprache.*
- *Durch entsprechende Zwischen- bzw. Verständnisfragen an das Publikum.*
- *Indem ich die Bereitschaft zur aktiven Teilnahme teste.*

20. Wie reagieren Sie auf Schwierigkeiten bzw. Konflikte?

- *Locker und natürlich, da ich diese immer erwarte.*
- *Auf z.B. negative Äußerungen gehe ich nur positiv ein.*
- *Auf Passivität reagiere ich z.B. mit:»Natürlich können Sie weiter…«.*
- *Ich nehme nichts persönlich, lasse mich nicht angreifen.*

21. Wie sichern Sie sich im Gespräch die ersten Teilerfolge?

- *Ich lasse mir vom Publikum jeden Übungserfolg bestätigen.*
- *Ich stelle nach jedem Themenhighlight Verständnis- bzw. Entscheidungsfragen.*

- *Ich lasse mir vom Publikum selbst jeweilige Anwendungen aufzeigen.*
- *Ich gehe erst zum nächsten Thema über, wenn alles Bisherige verstanden wurde.*

22. Welche Mittel setzten Sie in diesem Gespräch ein? *(Schlüsselwörter, Inhalte, Präsentationstechniken, Beispiele, Zahlen usw.)*

- *Plakate, Beamer, Overheadprojektor.*
- *Fragen, Beispiele, Geschichten.*
- *Praktische Übungen.*

23. Woran erkennen Sie, dass Sie das Ziel erreicht haben? *(Ihr eigenes Gefühl, die allgemeine Stimmung, spontane Reaktionen, Fragen, am Abschluss der Veranstaltung usw.)*

- *Viele interessante Fragen vom Publikum.*
- *Aktive Teilnahme an den Übungen.*
- *Viele Buchverkäufe.*
- *Viele Seminarinteressenten.*

24. Wie reagieren Sie, wenn Sie am Ziel angelangt sind?

- *Ich beende den Vortrag im Publikum.*
- *Ich bedanke mich ganz speziell und situativ unterschiedlich.*
- *Ich biete an, länger als geplant für Fragen zur Verfügung zu stehen.*

25. Was vereinbaren Sie dann mit Ihren Gesprächspartnern? *(Wie sichern Sie den Erfolg bzw. Ihr Ziel für die Zukunft?)*

- *Ich fordere zum Handeln auf, stelle Seminare zu diesem Thema vor.*
- *Ich gebe einen Ausblick: Stellen Sie sich vor, was Sie in Zukunft mit Ihrer Sprache machen können!*

26. Fazit: Was ist also letztendlich entscheidend, um an Ihr gewünschtes Ziel zu kommen?
   • *Das Publikum für das Thema zu begeistern, zum Mitmachen zu motivieren.*
   • *Den erfolgreichen Praxisbezug sofort erkennbar und anwendbar machen*

Lösungen: Erkennen Sie den Wahrnehmungstyp? (vgl. S. 83)

1. Das habe ich Ihnen gesagt. Aber Sie hören ja nicht zu.
   visuell   *auditiv*   kinästhetisch

2. Ich begreife ich nicht, warum Sie das getan haben.
   visuell   auditiv   *kinästhetisch*

3. Wenn Sie sich das ansehen, werden Sie erkennen …
   visuell   auditiv   kinästhetisch

4. Es ist offensichtlich, dass Sie hier nicht durchblicken.
   visuell   auditiv   kinästhetisch

5. Ich bin der Ansicht, es fehlt die klare Formgebung.
   visuell   auditiv   kinästhetisch

6. Ich finde es unerhört, dass Sie sich von uns lossagen.
   visuell   *auditiv*   kinästhetisch

7. Ich höre wohl nicht recht: Sie wollen sich aussprechen?
   visuell   *auditiv*   kinästhetisch

8. Das berührt mich so, dass ich weiche Knie bekomme.
   visuell   auditiv   *kinästhetisch*

9. Das greife ich auf, denn auch ich habe Wut im Bauch.
   visuell   auditiv   *kinästhetisch*

Lösungen: Fragen formulieren (vgl. S. 104)

1. *Thema:* Arbeit. *Frageform:* geschlossene Frage
   (a) Macht Ihnen die Arbeit Spaß?
   (b) Kommen Sie mit dieser Arbeit zurecht?

2. *Thema:* Urlaub. *Frageform:* offene Frage
   (a) Was hat Ihnen an dem Urlaub besonders gefallen?
   (b) Warum fahren Sie immer wieder gerne an diesen Ort?

3. *Thema:* Fitness. *Frageform:* Informationsfrage
   (a) Wie meinen Sie Ihre Aussage »Sport ist gesund«?
   (b) Wie darf ich Ihre Ansicht verstehen, dass Joggen sehr gut ist?

4. *Thema:* Gesundheit und Erfolg. *Frageform:* Suggestivfrage
   (a) Sie wollen doch gesundheitlich fit bleiben?
   (b) Sie wollen im Beruf doch sicher erfolgreich sein?

5. *Thema:* Produkt und Termin. *Frageform:* Alternativfrage
   (a) Wollen wir uns lieber am …, um … oder am …, um… treffen?
   (b) Legen Sie mehr Wert auf die Qualität oder auf den Preis?

6. *Thema:* bestes Produkt. *Frageform:* Bestätigungsfrage
   (a) Sie bestätigen, dass es Ihnen auf die Qualität ankommt?
   (b) Sie stimmen zu, dass dieses Produkt optimal passt?

7. *Thema:* Persönlichkeiten. *Frageform:* rhetorische Frage
   (a) Wem sind diese Persönlichkeiten nicht bekannt?
   (b) Wer weiß nicht, dass Ihre Persönlichkeit die Basis für … ist?

8. *Thema:* Profi und Experte. *Frageform:* motivierende Frage
   (a) Was sagen Sie als Experte dazu?
   (b) Wie gefällt Ihnen als Profi dieses Produkt?

9. *Thema:* Umsatz und Gewinn. *Frageform:* Ja-Frage
   (a) Sie wollen Ihren Umsatz also wieder deutlich steigern?
   (b) Sie legen dabei großen Wert auf die Gewinnsteigerung?

10. *Thema:* beliebig. *Frageform:* Aufbau einer Ja-Frage-Straße
    (a) Sie haben also alle Vorteile dieses Produktes erkannt?
    (b) Und Sie legen besonderen Wert auf die Qualität?
    (c) Und Sie wollen Ihren Umsatz noch dieses Jahr steigern?
    (d) Dann sollten wir gleich mit der Realisierung beginnen?

Lösungen: Entscheidung oder Information? (vgl. S. 107)

1. Hat es Ihnen gefallen?
   Wie sehr hat es Ihnen gefallen?

2. Sind Sie sich sicher?
   Wie sicher sind Sie?

3. Haben Sie als Fachmann einen Rat für uns?
   Welchen Rat haben Sie als Fachmann für uns?

4. Kommen Sie wieder?
   Wann kommen Sie wieder?

5. Können wir das gemeinsam lösen?
   Wie/Wann können wir das gemeinsam lösen?

6. Sind Sie gesundheitlich fit?
   Wie fit sind Sie gesundheitlich?

7. Macht Ihnen die Arbeit Spaß?
   Wie viel Spaß macht Ihnen die Arbeit?

Lösungen: Aussagen und Fragen quittieren (vgl. S. 111)

1. Ich wüsste gerne noch mehr zum Thema xy
   Vielen Dank! Natürlich gibt es noch ...

2. Ihre Aussage habe ich nicht verstanden.
   Danke, dass Sie das jetzt gleich ansprechen.

3. Ihr Vortrag hat mir sehr gut gefallen.
   Herzlichen Dank. Es freut mich, dass es Ihnen gefallen hat.

4. Wir haben für dieses Gespräch nur eine Stunde Zeit.
   Danke für den wichtigen Hinweis. Ich achte darauf.

5. Ich finde, wir sollten auch ... beachten.
   Da haben Sie natürlich recht.

6. Ich kann Ihre Schrift nicht lesen.
   Vielen Dank. Das verstehe ich, und ich werde darauf achten.

7. Sie haben da einen Fleck auf Ihrem Hemd.
   Danke, dass Sie mir das sagen.

Lösungen: Auf Einwände positiv reagieren (vgl. S. 126)

1. Sie sind nicht kompetent genug.
   Ihre Aussage finde ich interessant. Wie kommen Sie darauf?

2. Der Wettbewerber liefert zuverlässiger.
   Das ist gut, dass Sie darauf achten. Was heißt zuverlässiger?

3. Ihre Aussage ist falsch.
   Das ist interessant. Wie kommen Sie denn darauf?

4. Ich habe im Moment keine Zeit.
   Das verstehe ich. Lassen Sie uns einen Termin finden.

5. Ihr Preis ist viel zu hoch.
Ja, der Preis entspricht unserer Qualität. Was bedeutet zu hoch?

6. Ich habe kein Interesse.
Mir geht es auch manchmal so. Darf ich fragen, warum...?

7. Das kann ich nicht alleine entscheiden.
Natürlich. Wen brauchen Sie denn für Ihre Entscheidung?

8. Ich muss noch einmal darüber nachdenken.
Das verstehe ich, und deshalb lassen Sie uns überlegen, was...

9. Sie hören wieder von mir.
Das freut mich. Darf ich fragen, wann?

10. Schicken Sie mir erst einmal Unterlagen.
Natürlich gerne. Was interessiert Sie denn besonders?

11. Wenn Sie xy Prozent Rabatt geben, erhalten Sie den Auftrag.
Eine interessante Idee. Wie kommen Sie darauf, dass ich...

12. Wir sind mit unserem aktuellen Lieferanten sehr zufrieden.
Das freut mich für Sie, und sicher können wir dazu beitragen...

Lösungen: Informationen, Absichten und Grenzen hinterfragen (vgl. S. 131 ff.)

• *Unspezifische Verben und Substantive*

1. Mit Ihnen zu sprechen, ist ein Kampf.
Was genau meinen Sie mit Kampf?

2. Wir betrachten gerade verschiedene Alternativen.
   Was verstehen Sie unter betrachten bzw. unter Alternativen?

3. Bitte lassen Sie uns endlich auf den Punkt kommen.
   Was meinen Sie mit »auf den Punkt kommen«? Was ist für Sie der Punkt?

4. Wenn Sie sich nicht großzügig zeigen, dann ist Schluss.
   Was verstehen Sie unter großzügig? Was meinen Sie mit Schluss?

5. Nur die richtige Entscheidung hilft uns noch zu überleben.
   Was heißt die »richtige Entscheidung«? Was meinen Sie mit »überleben«?

• *Regeln*

1. Ich kann Dir dabei nicht helfen.
   Was wäre, wenn Du es tust? Was hält Dich davon ab?

2. Ich muss diese Sache zuerst erledigen.
   Was würde geschehen, wenn Sie es anders machen?

3. Ich sollte mich mehr dafür engagieren.
   Was hält Sie davon ab?

4. Es ist notwendig, dass wir diese Regeln beachten
   Was wäre, wenn wir diese Regeln nicht beachten?

5. Ich weiß, dass ich etwas für meine Gesundheit tun muss.
   Was hält Sie davon ab, mehr für Ihre Gesundheit zu tun?

• *Verallgemeinerungen*

1. Immer, wenn ich Hilfe brauche, ist niemand zur Stelle.
   Wirklich immer? Ist wirklich nie jemand zur Stelle?

2. Man soll den Tag nicht vor dem Abend loben.
   Was würde passieren, wenn Sie es tun? Was hält Sie davon ab?

3. Alle Menschen wissen, was gut für sie ist.
Wirklich alle Menschen? Erinnern Sie sich an eine Situation, in der es einmal nicht so war.

4. In dieser Angelegenheit kann mir keiner helfen.
Wirklich keiner?

5. Ich weiß nie, was ich zuerst tun soll.
Immer? Ist das immer so? Ist das wirklich nie einmal anders?

• *Vergleiche*

1. Ich entscheide mich nur für das günstigste Angebot.
Was heißt für Sie »günstig«? Günstig im Vergleich wozu?

2. Dieser Roman ist der beste, den ich bisher gelesen habe.
Das beste im Vergleich wozu? Besser als was?

3. Unser nächster Urlaub wird völlig anders.
Anders verglichen womit? Anders als was?

4. Das Auto der Konkurrenz lässt sich viel leichter fahren.
Leichter als was? Leichter verglichen womit?

5. Zu Hause erlebe ich die schönste Zeit.
Schöner als wo? Was macht diese Zeit am schönsten?

Lösungen: Positiv formulieren (vgl. S. 147)

1. Ich will nicht mehr faulenzen.
Ich werde jetzt sofort aktiv.

2. Ich kann nichts mehr essen.
Ich bin gut gesättigt.

3. Ich will Sie nicht ärgern.
Ich will Sie erfreuen.

4. Wir sollten nicht drumherum reden.
Lassen Sie uns auf den Punkt kommen.

5. Ich darf nicht mehr zu spät kommen.
Ich will pünktlich sein.

6. Ich will keine Angst mehr haben.
Ich wünsche mir mehr Sicherheit.

7. Ich will mich nicht mehr langweilen.
Ich werde jetzt ein Buch lesen.

Lösungen: 19 praktische Fragen – worauf achten Sie besonders? (vgl. S. 154)

Worauf achten Sie *ganz besonders* :

• *Vor der Gesprächssituation*

1. im Vorfeld des Gesprächs (Verhandlung, Präsentation, Vortrag).
   ❑ das Wetter   ☒ klare Zielsetzung   ☒ gute
                                            Vorbereitung

2. direkt vor dem Gespräch (Verhandlung, Präsentation, Vortrag).
   ❑ die Tagespolitik   ❑ die Tageszeit   ☒ positive
                                              Erwartung

• *Zu Beginn der Gesprächssituation*

1. bei der Begrüßung Ihres Gesprächspartners
   ☒ Blickkontakt   ☒ Lächeln   ❑ Ihre Wortwahl

2. in der Startphase des Gesprächs
   ❑ Ihre Argumente   ❑ viele Fragen   ☒ positive
                                          Stimmung
   ☒ Wahrnehmung   ☒ Interesse wecken ❑ zur Sache
                                          kommen

• *In der Gesprächssituation*

1. in Bezug auf die namentliche Anrede des Gegenübers
   ❑ nur am Anfang   ❑ nur zum Schluss   ☒ immer mal
                                              wieder

2. um Vertrauen und eine gemeinsame Wellenlänge aufzubauen
   ❑ viel reden   ❑ Sicherheit zeigen   ☒ sich anglei-
                                               chen

3. um sich dem Gegenüber anzugleichen
   ❑ Sachlichkeit   ❑ Überzeugung   ☒ Körpersprache
   ❑ Timing   ☒ Sprache/Wortwahl ☒ Stimmung

4. während des gesamten Gesprächs
   ☒ die Reaktionen   ❑ die Zeit   ❑ Ihre Domi-
                                             nanz

5. bei der Darstellung Ihrer Argumente
   ❑ alle nacheinander ☒ die Reaktionen   ❑ die Details

6. in Bezug auf Ihre Sprache
   ❑ viele   ☒ klare Aussagen   ☒ passendes
     Fachbegriffe   Niveau

7. wenn Sie selbst sprechen
   ❑ laut sprechen   ☒ kurze Sätze   ☒ Betonungen
   ❑ hohe Stimme   ❑ langsam reden   ☒ Art und Weise

8. bei und nach jeder Ihrer Aussagen, Fragen, Argumente
   ☒ Blickkontakt   ☒ Reaktionen   ❑ gleich weiter-
                                            reden

9. in Bezug auf das Verhalten Ihres Gesprächspartners
   ☒ Mimik   ☒ Körpersprache   ❑ seine Argu-
                                            mente

10. bei jeder Frage bzw. Aussage Ihres Gesprächspartners
   ☒ das »Wie«   ☒ Körpersprache   ❑ Ihr nächstes
                                            Argument

11. nach jeder Frage bzw. Aussage Ihres Gesprächspartners
   ❏ selber reden   ❏ schweigen   ☒ positiv
   quittieren

12. in Bezug auf Ihre Tendenz »Reden – Fragen – Zuhören«
   ❏ viel reden   ☒ viel fragen/zuhören ❏ viele Aussagen

13. bei Einwänden und Widerständen
   ❏ übergehen   ❏ nicht akzeptieren   ☒ positiv
   reagieren

14. bei Ihrer Reaktion auf Einwände und Widerstände
   ❏ Recht behalten   ❏ persönlich nehmen ☒ Verständnis
   zeigen

15. in Bezug auf unklare bzw. fehlende Informationen
   ❏ übergehen   ❏ selbst ergänzen   ☒ gezielt hinterfragen

16. in Bezug auf Ihre Aussagen und Angaben
   ☒ Eindeutigkeit   ❏ möglichst vage   ☒ Nutzen herausstellen

17. nach einer wichtigen Aussage, Ihrem Preisangebot usw.
   ❏ sofort erklären   ❏ gleich weiterreden ☒ Pause, ich
   schweige

18. in Bezug auf Ihre Fragen
   ❏ wenig fragen   ☒ offene Fragen   ❏ geschlossene
   Fragen

19. am Ende des Gesprächs
   ☒ Fazit/Ergebnis   ☒ positive Stimmung ☒ Wertschätzung/Dank

Wortschatztraining: Mögliche Lösungen (vgl. S. 170)

1. Heute ist ein *schöner* Dienstag. (herrlich, wunderschön, fantastisch)
2. Das ist für mich ein *Problem.* (Aufgabe, Gelegenheit, Herausforderung)
3. Ich habe *gerade* keine Zeit. (momentan, im Augenblick, jetzt)
4. Können Sie das für mich *machen?* (anfertigen, übernehmen, ausführen)
5. Wir sollten besser miteinander *kommunizieren.* (sprechen, reden, unterhalten)
6. Es ist mit Ihnen heute ein *Kampf.* (Ringen, Herausforderung, Gefecht)
7. Das war ein *nettes* Gespräch. (interessant, lehrreich, aufschlussreich)
8. Sie sind wirklich *großzügig.* (freigiebig, entgegenkommend, spendabel)
9. Ich kann Ihnen dabei nicht *helfen.* (Hilfe leisten, unterstützen, zur Hand gehen)
10. Dieses Gespräch wird *schwierig.* (herausfordernd, anspruchsvoll, diffizil)
11. Der *Preis* dafür beträgt 1.000 Euro. (Kosten, Investitionen, Ausgabe)
12. Ich werde die *richtige* Entscheidung treffen. (passend, treffend, geeignet)
13. Ich will diese Aufgabe *zuerst* erledigen. (jetzt, gleich, am Anfang)
14. Ich sollte mich mehr dafür *engagieren.* (einsetzen, einbringen, aktiv werden)
15. Vielen Dank für das *interessante* Gespräch. (anregend, ansprechend, spannend)
16. Ich will etwas für meinen *Erfolg* tun. (Wirkung, Durchbruch, Resultat)
17. Dies ist ein wichtiger *Anlass.* (Situation, Grund, Ursache)

18. Wir brauchen mehr *Rabatt.* (Nachlass, Ermäßigung, Abschlag)
19. Sie müssen jetzt in dieser *Sache* tätig werden. (Angelegenheit, Aufgabe)
20. Ich muss dagegen *ankämpfen.* (angehen, vorgehen, Front machen)
21. Ich suche eine neue *Arbeit.* (Aufgabe, Anstellung, Tätigkeit)
22. Wir wollen das Geschäft *ankurbeln.* (vorantreiben, in Gang bringen, anheizen)
23. Ich werde mich bald *anpassen.* (angleichen, daran gewöhnen, einfügen)
24. Ihre *Meinung* ist wichtig. (Ansicht, Überzeugung, Aussage)
25. Dieses Argument ist *wichtig.* (bedeutend, wesentlich, gewichtig)
26. Das interessiert mich *sehr.* (besonders, arg, äußerst)
27. Wie Sie selbst *sehen* können. (erkennen, beobachten, wahrnehmen)
28. Diese Angelegenheit sollten wir *schnell k*lären. (eilig, fix, rasch)
29. Er trägt gerne *kräftige* Farben. (bunt, auffällig, betont)
30. Sie sind heute wieder *hektisch.* (aufgeregt, unruhig, ruhelos)
31. Kommen wir zum wichtigsten *Argument.* (Grund, Erklärung, Gesichtspunkt)
32. Lassen Sie uns *weitermachen.* (fortfahren, fortsetzen, daran anschließen)
33. Sie werden davon *profitieren.* (gewinnen, Nutzen haben, Vorteil haben)
34. Ich werde Sie heute *motivieren.* (begeistern, anregen, bewegen)
35. Das habe ich *gerne* für Sie getan. (bereitwillig, mit Spaß, mit Freude)
36. Diese Probe erhalten Sie *gratis.* (umsonst, kostenlos, als Dreingabe)

37. Geht es bitte *ein bisschen* schneller? (etwas, ein wenig, ein Stückchen)

38. Das meine ich *auch*. (ebenfalls, genauso, ebenso)

39. Das finde ich *ziemlich* schlecht. (einigermaßen, recht, überwiegend)

40. Ich habe *positive* Nachrichten. (erfreulich, toll, aufregend)

41. Es geht mir *ganz* gut. (recht, wirklich, insgesamt)

42. Ist Ihnen das *klar*? (deutlich, greifbar, verständlich)

43. Mir fällt dazu *viel* ein. (einiges, reichlich, mehreres)

44. Ihre Aussage ist *falsch*. (unwahr, nicht zutreffend, verkehrt)

45. Das ist wirklich *schlecht*. (unerfreulich, unpassend, unangenehm)

46. Ich will Sie nicht *überreden*. (überrumpeln, übervorteilen, beschwatzen)

47. Sie sind *immer* so motiviert. (andauernd, ständig, generell)

48. Was für ein *Ereignis*. (Vorfall, Phänomen, Erlebnis)

49. Haben Sie genug *Erfahrung*? (Praxis, Wissen, Kenntnis)

50. Das finde ich *erfreulich*. (angenehm, positiv, gut)

51. Das müssen Sie *fordern*. (verlangen, für sich beanspruchen, vorschreiben)

52. Das ist ein *ängstlicher* Mensch. (furchtsam, schreckhaft, angstvoll)

53. Das sollten Sie unbedingt *wissen*. (informiert sein, Kenntnis haben von)

54. Sie müssen sich bald *entscheiden*. (entschließen, wählen, Urteil fällen)

55. Sie sind immer so *zufrieden* (bescheiden, genügsam, wunschlos glücklich)

56. Er ist dafür nicht *zugänglich*. (offen, aufgeschlossen, ansprechbar)

57. Unsere Probleme (steigen, anwachsen,

nehmen zu.

58. Können Sie mir bitte
zuhören?
59. Sie haben mich sehr
begeistert.
60. Sie müssen meine
Anweisungen *befolgen.*
61. Wir sollten ein Ziel
vereinbaren.
62. Wie wollen wir dabei
verfahren?
63. Die Werbekampagne war
wirkungslos.
64. Damit erzielen Sie mehr
Wirkung.
65. Der Entschluss *erfordert*
viel Mut.
66. Sagen Sie das bitte mit
einem *Wort.*
67. Wir *wollen* das wirklich
machen.
68. Das ist für uns *ungünstig.*

69. Die Atmosphäre ist
ungezwungen.
70. Der Ausgang ist noch
ungewiss.
71. Diese Lösung ist
zweckmäßig.
72. *Zweifellos* haben Sie
Recht.
73. Darf ich fragen, woran
sie *zweifeln?*
74. Die Zahlen stimmen mich
zuversichtlich.
75. Es kommt aus einer
zuverlässigen Quelle.

ausweiten)
(hinhören, Gehör schenken,
aufmerksam sein)
(erfreut, gefesselt, hingerissen)

(einhalten, beherzigen,
beachten)
(übereinkommen, festlegen,
finden)
(vorgehen, agieren,
sich verhalten)
(erfolglos, unwirksam,
ergebnislos)
(Einfluss, Reaktion, Erfolg)

(kostet, verlangt,
beansprucht)
(Ausdruck, Begriff,
Bezeichnung)
(vorhaben, wünschen,
bereit sein)
(nachteilig, unerfreulich, hin-
derlich)
(locker, zwanglos, natürlich)

(unsicher, zweifelhaft,
fraglich)
(vernünftig, sinnvoll,
angemessen)
(gewiss, sicher, natürlich)

(in Frage stellen, anzweifeln)

(optimistisch, hoffnungsvoll,
positiv)
(glaubwürdig, erprobt,
verbürgt)

76. Sie sollten alle Mittel *nutzen.* (anwenden, gebrauchen, einbeziehen)

77. Unser Produkt kann für Sie sehr *nützlich* sein. (hilfreich, zweckmäßig, lohnend)

78. Diese Anweisung war dringend *nötig.* (erforderlich, geboten, unvermeidlich)

79. Ich mache Sie *nachdrücklich* darauf aufmerksam. (eindringlich, inständig)

80. Wir sollten besser *nachgeben.* (einlenken, zurückstecken, entgegenkommen)

81. Bitte erzählen Sie alles *nacheinander.* (aufeinander folgend, der Reihe nach)

82. Was darf ich daraus *folgern?* (schließen, resümieren, ableiten)

83. Mein Mitarbeiter ist sehr *aktiv.* (fleißig, rührig, regsam)

84. Das sollten Sie sich mal *ansehen.* (betrachten, beobachten, studieren)

85. Sie wirken sehr *unaufmerksam.* (zerstreut, abgelenkt, abwesend)

86. Der Fehler ist die *Folge* von Versäumnissen. (Wirkung, Ergebnis, Konsequenz)

87. Es ist *unklar*, was er beabsichtigt. (unbestimmt, nebulös, vage)

88. Ich halte Ihren Vorschlag für *unklug.* (ungeschickt, nicht ratsam, undiplomatisch)

89. Es ist *unhöflich*, darauf nicht zu antworten. (unfreundlich, abweisend, taktlos)

90. Sie waren leider sehr *unachtsam.* (achtlos, gedankenlos, unbedacht)

91. Wir *können* das nicht tun. (vermögen, imstande sein, in der Lage sein)

92. Der Wettbewerb hat uns *unbemerkt* überholt. (heimlich, still und leise)

93. Sie können ganz *unbesorgt* sein. (beruhigt, sorglos, unbekümmert)

94. Ihr Verhalten finde ich *unerhört.* (empörend, haarsträubend, unglaublich)

95. Dieses Projekt ist *unausführbar.* (unmöglich, aussichtslos, undenkbar)

96. Wir brauchen dazu *ungefähr* drei Wochen. (in etwa, schätzungsweise, zirka)

97. Ich finde das *unfassbar.* (unbegreiflich, rätselhaft, unerklärlich)

98. Bitte betrachten Sie dies als *Tatsache.* (Gegebenheit, Fakt, Realität)

99. Unsere Firmen liegen miteinander im *Streit.* (Zwist, Zerwürfnis, Unfriede)

Danksagung

Ich danke all denjenigen Menschen sehr herzlich, die mich zum Schreiben dieses Buches motiviert, mich konkret unterstützt, mein Leben durch ihre Persönlichkeit bereichert und diese Arbeit dadurch wertvoll inspiriert haben.

Viele tolle Impulse für dieses Werk gaben mir wieder die unzähligen Gespräche und Übungen mit meinen Seminarteilnehmern.

Mein ganz besonderer Dank gilt meiner Frau Heike, die mich beim Schreiben dieses Buches immer wieder zu neuen Gedanken angespornt hat. Auch war Sie tolerant genug, noch häufiger als sonst auf schöne gemeinsame Freizeitaktivitäten zu verzichten.

Einmal mehr danke ich hier auch sehr herzlich einem meiner ganz großen Vorbilder: Richard Bandler, dem NLP-Papst.

Besonders erwähnen möchte ich Herrn Nikolaus B. Enkelmann, der mich seit Jahren als charismatischer Trainer begeistert und den ich gerade wieder in einem herrlichen Seminar erlebt habe.

Von Herzen danke ich auch Frau Christel Meraner für die tolle Unterstützung bei der Titelfindung und Herrn Roberto Meraner für die wieder wundervolle Gestaltung des Covers.

Ihnen liebe Leserin, lieber Leser, danke ich schon jetzt für jede Anregung und jedes Feedback zu diesem Thema bzw. Buch.

Sie erreichen mich unter:
www. ingovogel-seminare.de oder:
iv@ingovogel-seminare.de

Weiterführende Literatur

Bandler, Richard; Donner, Paul: Die Schatztruhe – NLP im Verkauf, Junfermann, Paderborn 1994

Bandler, Richard; Grinder, John: Reframing, Junfermann, Paderborn 1985

Bandler, Richard; Grinder, John: Therapie in Trance, Klett-Cotta, Stuttgart 1998

Bandler, Richard; Grinder, John: Kommunikation und Veränderung, Junfermann, Paderborn 1982

Birkenbihl, Vera F.: Kommunikationstraining, mvg, München 1998

Birkenbihl, Michael: Train the Trainer – Arbeitsbuch für Dozenten und Ausbilder, mi, Landsberg 1998

Blanchard, Ken: Einminutenmanager, ro ro ro, Reinbek 1983

Carnegie, Dale: Sorge Dich nicht – lebe!, Scherz, München 1997, 2000

Carnegie, Dale: Wie man Freunde gewinnt, Scherz, München 1999

Coblenzer, Horst; Muhar, Franz: Atem und Stimme, öbv Verlag, Wien 1992

Duden: Sinn- und sachverwandte Wörter, Band 8, Dudenverlag, Mannheim, Leipzig, Wien, Zürich, aktuelle Ausgabe, 1999

Duden: Herkunftswörterbuch, Band 7, Dudenverlag, Mannheim, Leipzig, Wien, Zürich, aktuelle Ausgabe, 1999

Goldmann, Heinz: Erfolg durch Kommunikation, Econ & List, München 1996, 1999

Mohl, Alexa: Der Zauberlehrling, Junfermann, Paderborn 1996

Molchow, Samy: Körpersprache, Goldmann, München 1996

Murphy, Joseph: Die Macht Ihres Unterbewußtseins, Ariston-Verlag, München 1999

Peltzer, Karl; Normann, Reinhard von: Das treffende Zitat, Ott Verlag Thun 1995

Tracy, Brian: Thinking Big, Gabal, Offenbach 1998

Vogel, Ingo: Personal Way – der persönliche Weg zum Lebenserfolg, Econ, München 1999

Walther, George: Sag was Du meinst, und Du bekommst, was Du willst, Econ, München 1995

Walther, George: Phone Power – Das Telefon als effektives Erfolgsinstrument, Econ, München 1993

Wuth, Armin W.: Tests, Tests, Tests, Wuth-Verlag, o. O. und J.

Audio-Cassetten

Enkelmann, Nikolaus B.: Das System zum Erfolg, Gabal, Offenbach 2000; Buch und Cassette

Enkelmann, Nikolaus B.: Melodien zum Entspannen und Träumen, mvg, München 1992, Buch und Cassette

Enkelmann, Nikolaus B.: Die Macht der Motivation, mvg, München 1996, 1999; Buch und Cassette

Krusche, Helmut: Der Frosch auf der Butter, Verlag und Studio für Hörfunkproduktionen, o. O. und J.

Ingo Vogel: »Personal Way«

Mit Persönlichkeit zum Erfolg –
privat und im Beruf

Ingo Vogel zeigt:

– wie Sie Ihr (Er-)Leben durch Wahrnehmung intensivieren.

– wie Sie ab sofort wesentlich gezielter kommunizieren.

– wie Sie Ihre eigenen Stärken erkennen, fördern und nutzen.

– wie Sie Ihren persönlichen Lebens-Erfolg definieren.

– wie Sie sich wertvolle Ziele setzen und diese erreichen.

– wie Sie durch Persönlichkeit zu mehr Lebens-Freude finden.

Econ, 264 Seiten, geb., 39,90 DM, ISBN 3-430-19379-6

Ein Buch voller praktischer Möglichkeiten, um das Leben anders und intensiver wahrzunehmen, eigene Stärken zu erkennen und zu nutzen, persönlichen Lebens-Erfolg zu definieren und wertvolle Ziele zu entwickeln und zu erreichen.

Seminare mit Ingo Vogel

> www.ingovogel-seminare.de <

Erleben Sie Ingo Vogel live und hautnah in:

Rhetorik & Körpersprache

Sie lernen, Ihr Lampenfieber positiv zu nutzen, mehr Sicherheit beim Reden zu gewinnen und Ihre persönliche Ausstrahlung zu optimieren. Sie entdecken die vielen wertvollen Botschaften, die unsere (Körper-)Sprache deutlich macht.

Sie trainieren, andere Menschen durch genaue Wahrnehmung, eine präzise Sprache und wirkungsvolle Stilmittel für Ihre Ziele zu begeistern. Ein Seminar mit intensivem Video-Feedback, persönlichem Video-Mitschnitt und Nachbetreuung.

Inhalt:

– Bewusstsein für die eigene (Körper-)Sprache entwickeln.
– Atmung, Stimme und Artikulation verbessern.
– Sprache und Wirkung: Was zählt besonders?
– Was Ihre Präsentation sehr erfolgreich macht!
– Sich selbst/die Botschaft optimal präsentieren.
– Souverän und zuhörerorientiert präsentieren.
– Konflikte und Störungen erfolgreich meistern.
– Zuhörer fesseln und für eigene Ziele begeistern.

+ 2-Tages-Intensivseminar
+ max. 12 Teilnehmer für sehr viel Praxis
+ persönlicher Video-Mitschnitt und Nachbetreuung

Das Live-Seminar zum Buch:
So reden Sie sich an die Spitze

In diesem Praxis-Seminar trainieren Sie
mit Ingo Vogel die
erfolgreiche Kommunikation.

Sie lernen wichtige Hintergründe, die sich in der täglichen Kommunikation abspielen, kennen. Sie erleben die motivierende Wirkung und die fantastischen Erfolge der Power-Sprache. Sie trainieren, die Power-Sprache praktisch anzuwenden, andere Menschen mit Worten zu motivieren und (Verkaufs-) Gespräche erfolgreicher zu führen. Sie üben, wertlosen Wortballast und Killerphrasen zu vermeiden.

Inhalt:

– 29-mal Sprache als Selbstmotivation
– Wahrnehmung oder die Sprache der Sinne
– Sprache und Wirkung: Was zählt?
– Sprache und Ziele: Was wollen Sie?
– Sprache und Verkauf: 7 Fragen
– 41 goldene Spielregeln
– Erfolg durch Framing und Reframing
– Power-Sprache: 25 Praxisbeispiele
– Hypnotische Sprache/Magic Words
– 56 Erfolgsimpulse: So rede ich mich an die Spitze

Als Tages-, Late-Nightseminar und Vortrag.

Weitere Seminare, Infos und Termine unter:

www.ingovogel-seminare.de

Ellwanger & Vogel, Dornhalde 6, 70597 Stuttgart
Tel.: (0711) 76 76-303, Fax: (0711) 76 76-43